Heinz Weiß
Raimund Rumpeltes (Hrsg.)
Hanna Segal revisited

Hanna Segal (1918-2011) gilt als eine der bedeutendsten Klinikerinnen und Theoretikerinnen der Psychoanalyse. Mit ihren epochemachenden Arbeiten zur Symbolbildung hat sie Patientinnen und Patienten, die unter psychotischen und Borderline-Pathologien leiden, der psychoanalytischen Behandlung zugänglich gemacht.

Wie nebenbei hat Hanna Segal auch die Grundlage zu einer psychoanalytischen Theorie der Ästhetik und künstlerischen Kreativität gelegt. Darüber hinaus hat sie sich zeitlebens in gesellschaftlichen und politischen Fragen kritisch engagiert und für den Frieden auf der Welt gekämpft.

Die Autorinnen und Autoren dieses Bandes haben alle persönlich mit Hanna Segal in Berührung gestanden und beleuchten aus unterschiedlichen Blickwinkeln verschiedene Facetten ihrer Persönlichkeit und ihres Werkes.

Die Herausgeber:

Heinz Weiß, Prof. Dr. med., Psychoanalytiker, Chefarzt der Abteilung für Psychosomatische Medizin am Robert-Bosch-Krankenhaus, Stuttgart, Leiter des Medizinischen Schwerpunktes und Mitglied des Direktoriums am Sigmund-Freud-Institut, Frankfurt; Chair der Education Section des International Journal of Psychoanalysis, Guest Member der British Psychoanalytical Society. Zahlreiche Veröffentlichungen, Herausgeber von Ödipuskomplex und Symbolbildung (1999; 2. Aufl. 2013 bei Brandes & Apsel).

Raimund Rumpeltes, geb. 1951, Psychoanalytiker in eigener Praxis seit 1992, Lehranalytiker und Supervisor (IPV, DPG, DGPT). Ausbildungstätigkeit am Institut für Psychoanalyse, Heidelberg. Supervision mit Hanna Segal von 2002 bis 2011. Interesse an Behandlungstechnik, der Verbindung von Kunst und Gesellschaft mit der Psychoanalyse.

Heinz Weiß
Raimund Rumpeltes (Hrsg.)

Hanna Segal revisited

Zur Aktualität ihres Werkes

Mit Beiträgen von
David Bell, Claudia Frank, Peter Gabriel,
Esther Horn, Raimund Rumpeltes,
Hanna Segal, John Steiner, Heinz Weiß

Brandes & Apsel

Auf Wunsch informieren wir Sie regelmäßig über Neuerscheinungen
in dem Bereich Psychoanalyse/Psychotherapie – Globalisierung/
Politisches Sachbuch/Afrika – Interkulturelles Sachbuch –
Sachbücher/Wissenschaft – Literatur.

Bitte senden Sie uns dafür eine E-Mail an info@brandes-apsel.de
mit Ihrem entsprechenden Interessenschwerpunkt.

Gerne können Sie uns auch Ihre Postadresse übermitteln,
wenn Sie die Zusendung unserer Prospekte wünschen.

Außerdem finden Sie unser Gesamtverzeichnis mit aktuellen
Informationen im Internet unter: www.brandes-apsel.de

1. Auflage 2017

© Brandes & Apsel Verlag GmbH, Frankfurt a. M.
Alle Rechte vorbehalten, insbesondere das Recht der Vervielfältigung
und Verbreitung sowie der Übersetzung, Mikroverfilmung, Einspeicherung
und Verarbeitung in elektronischen oder optischen Systemen, der öffentlichen
Wiedergabe durch Hörfunk-, Fernsehsendungen und Multimedia sowie
der Bereithaltung in einer Online-Datenbank oder im Internet zur Nutzung
durch Dritte.
DTP und Umschlag: Felicitas Alt/Lukas Apsel, Brandes & Apsel Verlag, unter
Verwendung eines Fotos von Jan Spering. Mit freundlicher Genehmigung.
Druck: STEGA TISAK d.o.o., Printed in Croatia
Gedruckt auf einem nach den Richtlinien des Forest Stewardship
Council (FSC) zertifizierten, säurefreien, alterungsbeständigen
und chlorfrei gebleichten Papier.

Bibliografische Information der Deutschen Nationalbibliothek:
Die Deutsche Nationalbibliothek verzeichnet diese Publikation
in der Deutschen Nationalbibliografie; detaillierte bibliografische
Daten sind im Internet über www.ddb.de abrufbar.

ISBN 978-3-95558-188-6

Inhalt

Heinz Weiß
Einführung und einige persönliche Erinnerungen 7

John Steiner
Reflektionen über Hanna Segals Werk (1918–2011) 29

David Bell
Das Werk von Hanna Segal 47

Claudia Frank
Zur Erforschung der Bedingungen von Symbolisierungsprozessen
in der Auseinandersetzung mit Kunstwerken am Beispiel
einiger Stillebenvariationen Giorgio Morandis 69

Raimund Rumpeltes
Omnipotenz, Manie und Symbolbildung 97

Esther Horn
Einige Gedanken über Hanna Segals Zugang
zur Behandlung psychotischer Patienten 127

Peter Gabriel
Einige persönliche Erinnerungen an Hanna Segal
in Verbindung mit ihrem Werk 149

Anhang
Hanna Segal
Grußwort zur Tagung *Destruktivität – theoretische Konzepte
und klinische Aspekte* am 25. Oktober 2008 in Stuttgart 165

Heinz Weiß

Einführung
und einige persönliche Erinnerungen

Hanna Segal (1918–2011) gilt als eine der bedeutendsten Psychoanalytikerinnen des 20. Jahrhunderts. Weit über die Schule Melanie Kleins hinaus haben ihre Beiträge in der Psychoanalyse, der Philosophie, Ästhetik, Literaturkritik sowie durch ihr Engagement in gesellschaftlichen und politischen Fragen internationale Anerkennung gefunden. Sie kann damit als wichtige Zeitzeugin des 20. und beginnenden 21. Jahrhunderts gelten.

Einige der im vorliegenden Band abgedruckten Beiträge (Bell, Gabriel, Rumpeltes, Steiner, Weiß) gehen auf zwei Tagungen zu Ehren von Hanna Segal zurück: auf die im Mai 2013 vom *Institute of Psychoanalysis* veranstaltete *Hanna Segal Memorial Conference* in London sowie das Symposium »Psychoanalyse Gestern – Heute – Morgen« im September des gleichen Jahres an der Universität Heidelberg.[1]

Das Thema der letztgenannten Veranstaltung nimmt auf Hanna Segals letztes, vier Jahre vor ihrem Tod bei Routledge erschienenes Buch (Segal 2007) Bezug, in dem sie auf ihre mehr als 60-jährige Erfahrung als Psychoanalytikerin der Britischen Psychoanalytischen Gesellschaft zurückblickt. Doch in der für sie typischen Art blickt sie darin nicht nur zurück, sondern auch voraus in die Zukunft. Bis zu ihrem Tod war sie leidenschaftlich an der Entwicklung der Psychoanalyse als Theorie und klinischer Praxis interessiert – mit der ihr eigenen Beharrlichkeit und dem für sie charakteristischen, leidenschaftlichen Eintreten für ihre Überzeugungen.

---

[1] Gemeinsam veranstaltet vom Institut für Psychoanalyse der Deutschen Psychoanalytischen Gesellschaft, Heidelberg, dem Psychoanalytischen Institut Heidelberg/Karlsruhe der Deutschen Psychoanalytischen Vereinigung, der Abteilung für Psychosomatische Medizin am Robert-Bosch-Krankenhaus, Stuttgart, sowie dem Sigmund-Freud-Institut, Frankfurt a. M.

Einer der in diesem Buch abgedruckten Aufsätze *Reflections on Truth, Tradtion and the Psychoanalytic Tradition of Truth* hatte nach seiner Erstveröffentlichung im American Imago 2006 eine heftige Kontroverse innerhalb der Britischen Psychoanalytischen Gesellschaft ausgelöst. Mir ist noch gut in Erinnerung, wie aufgebracht Hanna Segal war, als mehr als 50 Kollegen gegen ihre Auffassung von der Suche nach der Wahrheit – wie unangenehm diese auch immer sein mag – als der einen, zentralen Aufgabe der psychoanalytischen Arbeit protestierten (Ambache et al. 2007; Leibel et al. 2007), wovon sie jene Entwicklungen unterschied, die ihrer Meinung nach in eine andere Richtung führten – darunter die Auffassungen Balints, Winnicotts oder auch der Selbstpsychologen, insofern diese die persönliche Einflussnahme des Analytikers als integralen Bestandteil der analytischen Haltung betrachten.

»Hierbei«, so Segal, »handelte es sich um Veränderungen der Technik, die sie zu etwas essentiell Nicht-Analytischem machte. Sie richteten sich gegen die psychoanalytische Anstrengung, Veränderung durch die Suche nach der Wahrheit zu bewirken. Denn sobald der Analytiker die Rolle der Eltern übernimmt«, so fährt sie fort, »lädt er den Patienten ein, in einer Lüge zu leben. Dies wiederum begünstigt konkretes Funktionieren, statt Symbolisierung und psychisches Wachstum zu ermöglichen.« (Segal 2006, S. 283; Übers. H. W.)

Es waren diese Sätze, die bei einigen ihrer Kollegen Entrüstung hervorriefen. Aber Hanna Segal äußerte auch deutliche Kritik am Spätwerk Bions, das ihr – im Gegensatz zu dessen frühen Arbeiten – eher wie die Suche nach einer transzendenten Wahrheit, der »plötzlichen Erleuchtung durch etwas Unerkennbares (O)« (ebd., S. 290), vorkam und deshalb mit dem wissenschaftlichen Ansatz der Psychoanalyse nicht vereinbar sei.

Nach dem im Bulletin der Britischen Psychoanalytischen Gesellschaft abgedruckten Protest hatte ihr deren damaliger Präsident, Roger Kennedy, einen Brief geschrieben. Es entstand eine lebhafte Kontroverse (Segal 2007; Steiner 2007; Parsons et al. 2007), und man fühlte sich an die Atmosphäre der *Controversial Discussions* (King & Steiner 2000) erinnert, die Hanna Segal als Analysandin Melanie Kleins zu Beginn der 1940er Jahre am Rande miterlebt hatte.

Unter allen Schülern Melanie Kleins war sie diejenige, die dem Werk ihrer Lehrerin am nächsten verbunden verblieb – und zugleich ein eigenes

Werk von großer Tragweite schuf. Wie Kleins Arbeiten wirken viele von Segals Aufsätzen – im Gegensatz etwa zu den Arbeiten Bions – sehr klar und wenig kompliziert, und erst beim zweiten Hinsehen erschließt sich, welche Tiefe in ihnen steckt.

Ich bin daher überzeugt, dass die zahlreichen Impulse, die von ihrem Werk ausgehen, noch längst nicht ausgeschöpft sind, so etwa ihre Überlegungen zur Symbolisierung (Segal 1957; 1978), zu Phantasie und Realität (Segal 1994), zum Wiederholungszwang, zur Feinstruktur von Wiedergutmachungsprozessen oder zu verschiedenen Formen entwicklungsfördernder und pathologischer projektiver Identifizierung.

Der vorliegende Band versteht sich deshalb als Ausgangspunkt, um verschiedene Aspekte von Hanna Segals Werk zu erschließen. Dieses wiederum muss vor dem Hintergrund einer Biographie gesehen werden, die sich, eingebettet in die Umwälzungen und Katastrophen des 20. Jahrhunderts, in vielerlei Hinsicht ungewöhnlich gestaltete (vgl. Hunter 1993; Sayers 2000, S. 173ff.; Quinodoz 2008).

Als Hanna Segal nach wechselvoller Kindheit und Jugend, die sie in Polen und später in Genf verbracht hatte, 1940 über Paris nach England kam, war über Europa gerade die Finsternis des Faschismus hereingebrochen. Bereits damals wusste sie, dass sie einmal Psychoanalytikerin werden wollte. Diese Ausrichtung ihrer Interessen stand schon seit ihrer Jugend fest, vor allem angeregt durch die weitgespannten kulturellen und gesellschaftlichen Aktivitäten ihres Vaters, der in Genf für den Völkerbund die Zeitschrift *Journal des Nations* herausgab – vielleicht auch durch den Kontakt mit der polnischen Analytikerin Eugenia Sokolnicka, die mit der Familie bekannt war (vgl. Quinodoz 2008, S. 7ff.).

Als Hanna Segal 13 Jahre alt war, war ihre Familie unter schwierigen Umständen von Warschau nach Genf übergesiedelt. Zum Abschluss ihrer schulischen Ausbildung und zur Aufnahme ihres Medizinstudiums kehrte sie als Jugendliche vorübergehend noch einmal nach Polen zurück. Später erwog sie, sich dem Widerstand gegen die deutsche Besatzungsmacht anzuschließen. An der Mitwirkung im Spanischen Bürgerkrieg hatten sie ihre Eltern aus Sorge um das einzige Kind, das ihnen nach dem frühen Tod ihrer Schwester noch geblieben war, gehindert (Quinodoz 2008, S. 10). 1939 kehrte sie zu ihrer Familie nach Paris zurück, die dort nach der Ausweisung ihres Vaters aus der Schweiz staatenlos Zuflucht gefunden hatte. 1940 konnte sie sich vor den heranrückenden deutschen Truppen zusammen mit ihren Eltern auf dem letzten polnischen Flüchtlingsboot nach England retten. In Edinburgh legte sie ihr medizinisches Staatsexamen ab und lernte dort William Fairbairn kennen, der für ihre spätere psychoanalytische Ausbildung, zunächst bei David Matthew und anschließend für die Aufnahme ihrer Lehranalyse bei Melanie Klein, ausschlaggebend wurde (vgl. Quinodoz 2008, S. 11).

Im Alter von 27 Jahren schloss sie ihre psychoanalytische Ausbildung ab und wurde mit 29 Jahren jüngstes Mitglied der Britischen Psychoanalytischen Gesellschaft. Bereits 1952 wurde sie zur Lehranalytikerin ernannt, und es sind diese frühen Jahre, aus denen ihre grundlegenden Arbeiten zur Depression des Schizophrenen, zur symbolischen Gleichsetzung (Segal 1950; 1956) und zum ästhetischen Konflikt (Segal 1952) hervorgingen.

Ich denke, dass die Kindheit in Lodz und Warschau, der frühe Verlust ihrer Schwester, das häufige Alleinsein, die schwere Krise, in die der von ihr bewunderte Vater geriet, als sie zwölf Jahre alt war, und die anschließende Übersiedlung der Familie nach Genf für Hanna Segal prägend waren. Sie selbst hat ihre Kindheit einmal als »traumatisch« bezeichnet (Segal, in: Quinodoz 2008, S. 3). Aber gerade diese Kindheit legte die Wurzeln für ihre Beschäftigung mit Wiedergutmachungsvorgängen und ihr weit gespanntes Interesse an kulturellen und gesellschaftlichen Prozessen. In Genf erlernte sie nicht nur das Schwimmen, eine leidenschaftliche Betätigung bis in ihr hohes Alter, sondern bei den winterlichen Wochenendausflügen der Familie auch das Skifahren kennen: Sie war eine gute Skifahrerin, wie sie mir einmal sagte. Vor allem aber wurde sie mit dem Austausch von Ideen in einer international geprägten kulturellen Atmosphäre vertraut. Wenn man heute das Vorwort ihres Vaters, Czeslaw Posnanski, zu dem 1942 von ihm verfassten Buch *The Rights of Nations* (Posnanski 1942) liest, dann findet man darin viel von Hanna Segals späterem Eintreten gegen gesellschaftliche Unterdrückung und gegen die wahnhafte Militarisierung der Nationen wieder:

»Die Annahme, die diesem Buch zugrunde liegt«, so heißt es dort, »ist diejenige, dass die Menschenrechte wichtiger sind als die Rechte von Stahl und Kohle. Denn ich bin der festen Überzeugung, dass die obersten Werte, für die wir kämpfen, die menschlichen Werte sind.« (Poznanski 1942, S. vi, Übers. H. W.)

Dieses Buch wurde zu einer Zeit verfasst, als sich Kontinentaleuropa fest in den Händen Hitlers befand und Großbritannien die letzte Bastion zur Verteidigung der Freiheit bildete. Umso erstaunlicher erscheint es, dass Hanna Segals Vater gegen Ende seines Bandes bereits die Vision eines Vereinten Europa unter Einbeziehung eines demokratischen Nachkriegsdeutschlands entwickelte (Poznanski 1942, S. 82). Die Familie hatte sich gerade nach England gerettet, über London tobte der Luftkrieg, während sich am gleichen Ort die kontroversen Diskussionen innerhalb der Britischen Psychoanalytischen Gesellschaft anbahnten.

Trotz, oder vielleicht gerade wegen dieser Umstände, hat es mich immer wieder beeindruckt, dass Hanna Segal kein Ressentiment gegenüber Deutschland oder den Deutschen empfand. Im Grußwort zu einer Tagung, die wir 2008 aus Anlass ihres 90. Geburtstags in Stuttgart veranstalteten (Segal 2008, Erstveröffentlichung in diesem Band), bezog sie sich auf John Le Carrés Kriminalroman *A Most Wanted Man* (in ihrer Freizeit las sie gerne französische Kriminalromane), in dem eine der Hauptfiguren, Annabelle, ihr Leben riskiert, um einem durch Folter in verschiedenen Gefängnissen psychisch zerbrochenen Flüchtling zu helfen. Ein Teil ihres Rettungsplanes besteht darin, ihn mit ihrem in Hamburg lebenden Bruder in Kontakt zu bringen, dem »einzigen, in Deutschland übrig gebliebenen Psychiater«, wie sie glaubte, »der Freuds Ideen treu geblieben ist«.

Doch da lag sie falsch, so Segal: »Ihr Bruder ist nicht der einzige, ich könnte ihr viele Gruppen in Deutschland empfehlen, die der Psychoanalyse sehr verbunden sind.« Und sie fügte hinzu: »Selbst auf dem Höhepunkt der Naziherrschaft gab es genügend von ihnen, so dass die Psychoanalyse nach deren Niederwerfung erneut und sogar sehr intensiv zu leben begann.« Und auch heute, in der Nachfolge der Ideen Kleins und Bions, wie auch ihrer eigenen Arbeiten, leisteten deutsche Analytiker einen wichtigen Beitrag und hätten sich hier in Europa die meisten Gruppen gebildet.

Diese Bemerkungen Hanna Segals waren nicht nur eine wohlwollende Geste gegenüber ihren Gastgebern. Sie war davon beeindruckt, dass hierzulande – anders als etwa in Großbritannien oder in den Vereinigten Staaten – jedem Patienten eine psychoanalytische Behandlung zusteht. Und sie hat in unseren Gesprächen mehr als einmal zum Ausdruck gebracht, dass sie gerade mit der weiteren Entwicklung der Psychoanalyse in Deutschland viel Hoffnung verband.

Wir hatten Hanna Segal 1998, kurz nach der offiziellen Feier ihres 80. Geburtstags in der Britischen Psychoanalytischen Gesellschaft, erstmals zu einer Tagung in den Toskana-Saal der Würzburger Residenz eingeladen, um unter dem Titel *Ödipuskomplex und Symbolbildung – ihre Bedeutung bei Borderline-Zuständen und frühen Störungen* zwei zentrale Themen ihres Werkes ausführlich zu erörtern. Zu den Referenten gehörte neben Hermann Beland, Hermann Lang, Helen Schoenhals und John Steiner auch Erika Simon, langjährige Ordinaria am Lehrstuhl für Klassische Archäologie der Universität Würzburg und in ihrem Fach ähnlich bekannt wie Hanna Segal innerhalb der Psychoanalyse. Ihre Ausführungen über die frühen, vorsophokleischen Versionen des Ödipusmythos schlossen überraschend nahtlos an die kleinianischen Auffassungen zu den Frühstadien des Ödipuskomplexes (Klein 1928) an (Abb. 1–3).

Hanna Segal war nicht nur von der interdisziplinären Würdigung ihres Werks berührt. Sie hatte das im deutschsprachigen Raum seit Mitte der 1980er Jahre stetig wachsende Interesse an kleinianischer Psychoanalyse bereits seit längerem registriert. Der als Festschrift für sie herausgegebene Band der Würzburger Tagung (Weiß 1995) war innerhalb kurzer Zeit vergriffen und die *Frankfurter Allgemeine Zeitung*[2] hatte anlässlich der Veranstaltung ausführlich über Hanna Segal berichtet.

Sechs Jahre später folgte sie erneut unserer Einladung, diesmal nach Stuttgart, um die zweite deutsche Auflage ihrer mittlerweile klassischen Einführung in das Werk von Melanie Klein (Segal 1964; 2. Aufl. 2013 bei Brandes & Apsel) vorzustellen. Im Rückblick auf die Entwicklung der Psychoanalyse über die Modelle Freuds, Kleins und einiger ihrer Nachfolger bis in die Gegenwart hinein referierte sie über *Changing Models of the Mind* und wieder erschien, diesmal in der *Süddeutschen Zeitung*,[3] ein ausführlicher Bericht.

---

[2] Ausgabe vom 8. Oktober 1998.
[3] Ausgabe vom 11. Mai 2004.

Einführung und einige persönliche Erinnerungen

Abb. 1: Hanna Segal bei ihrem Vortrag (26. Oktober 1998) anlässlich der Tagung zu Ehren ihres 80. Geburtstages in Würzburg (© Jan Spering, Höchberg). Mit freundlicher Genehmigung.

Zu dieser Zeit gab es bereits eine Reihe deutschsprachiger Psychoanalytiker, die Hanna Segal zu Seminaren und Konferenzen einluden, sie in London besuchten und ihre klinische Arbeit mit ihr supervidierten.

Einige der Kolleginnen und Kollegen, die mit ihr zusammenarbeiteten, kommen im vorliegenden Band zu Wort. Ihre Beiträge vermitteln einen Eindruck von der Vielzahl ihrer Interessen, ihrer Persönlichkeit und der Direktheit und Unerschrockenheit ihres psychoanalytischen Stils, wie er ihrer Pionierarbeit mit psychotischen und Borderline-Patienten zugrunde lag.

*Abb. 2: Hanna Segal und Erika Simon,
Ordinaria des Würzburger Lehrstuhls für klassische Archäologie
(© Carina Weiß, Höchberg). Mit freundlicher Genehmigung.*

*Abb. 3: Eindruck von der Würzburger Tagung
(© Jan Spering, Höchberg). Mit freundlicher Genehmigung.*

Es ist charakteristisch für Hanna Segals Arbeitsweise, dass ihre Zuversicht stets mit einem ausgeprägten Wirklichkeitssinn verbunden blieb. »Heute leben wir erneut in einer Welt«, so schloss sie ihr Grußwort zu der Tagung von 2008, »die in ihrer Globalisierung noch mehr vom Todestrieb beherrscht wird, und es liegt an uns (...), unsere Verpflichtung gegenüber den menschlichen Werten der Psychoanalyse zu bewahren, wie sie durch die psychoanalytische Art zu denken verkörpert werden.«

Destruktivität – der Hass auf die Wirklichkeit, die Wahrheit und das Leben – war für Segal kein theoretisches Konstrukt, sondern eine gewöhnliche Lebenstatsache, der wir jeden Tag in uns selbst begegnen.

Abb. 4: Hanna Segal bei der Tagung am 8. Mai 2004 am Furtbachkrankenhaus, Stuttgart, aus Anlass des Erscheinens der zweiten deutschen Auflage ihres Buches über Melanie Klein (mit Elmar Etzersdorfer, Claudia Frank und Heinz Weiß) (© Jan Spering, Höchberg). Mit freundlicher Genehmigung.

Dies bedeutete für sie allerdings auch, dass unsere destruktiven Tendenzen nur im Zusammenhang mit unserer Suche nach Liebe und Wahrheit zu verstehen sind. Ganz entschieden lehnte sie eine bestimmte pseudokleinianische Haltung ab, die sich nur für das Omnipotente, Wahnhafte und Destruktive im menschlichen Seelenleben interessiert. Für sie existierte – ebenso wie für Sigmund Freud und Melanie Klein – der Todestrieb nur in Zusammenhang mit dem Lebenstrieb, Neid nur in Verbindung mit Dankbarkeit, Destruktivität nur im Verhältnis zu jenen Wiedergutmachungsprozessen, die uns an der Schwelle zur depressiven Position so schmerzlich berühren.

Abb. 5: Hanna Segal bei der Tagung am 8. Mai 2004 am Furtbachkrankenhaus, Stuttgart (© Jan Spering, Höchberg). Mit freundlicher Genehmigung.

Liest man in ihrem 1964 erschienen Buch über Melanie Klein die Abschnitte über manische Abwehr und Wiedergutmachung, dann scheint sie dort anzudeuten, dass Wiedergutmachung kein einfacher Vorgang ist, sondern verschiedene Phasen durchläuft. Sie beschreibt zunächst die grundlegenden Unterschiede zwischen manischer und echter Wiedergutmachung. Zu letzterer gehört zum Beispiel, dass der Schaden, der dem Objekt zugefügt wurde, und die mit ihm verbundenen Schuldgefühle anerkannt werden müssen, bevor Wiedergutmachung möglich wird. Dies bedeutet unvermeidlich, dass Wiedergutmachung immer nur unvollständig und zeitlich begrenzt möglich ist. Denn das gute Objekt kann nicht auf magische Weise

Abb. 6: Hanna Segal bei der Tagung am 8. Mai 2004
am Furtbachkrankenhaus, Stuttgart
(© Jan Spering, Höchberg). Mit freundlicher Genehmigung.

und dauerhaft wiederhergestellt werden – und zwar deshalb, weil es vom Individuum getrennt und von ihm verschieden ist.

Zu einer ersten Phase der Wiedergutmachung gehört also die Anerkennung der Tatsache, dass Subjekt und Objekt getrennt und voneinander verschieden sind, womit aber noch nicht unbedingt die Bereitschaft einhergeht, auch die Kontrolle über das Objekt aufzugeben.

Erst mit diesem zweiten Schritt, der Aufgabe der Kontrolle über das Objekt, muss der Verlust in seiner ganzen Tragweite anerkannt und betrauert werden: Das geliebte Objekt wird nun nie mehr so wiederherzustellen sein, wie es einmal war, denn es verfügt über eigene Beziehungen und befindet sich nicht mehr in unserem Besitz. Die Anerkennung der Tatsache, dass alle guten Erfahrungen endlich sind, ist sicherlich eine der schmerzlichsten Erfahrungen der depressiven Position. Aber nur weil die guten Erfahrungen endlich sind, so sagte Hanna Segal mir einmal während unserer Supervision, bleiben auch die schlechten Erfahrungen begrenzt und können nicht endlos weitergehen.

Die hier angedeutete Vorstellung verschiedener Phasen der Wiedergutmachung ermöglicht eine genauere Vorstellung von gelingenden und scheiternden Wiedergutmachungsprozessen. Denn sobald innerhalb der Übertragungssituation eine Idee darüber entsteht, an welcher Stelle die Wiedergutmachung scheitert, kann das Problem lokalisiert und näher untersucht werden. Möglicherweise gelangen wir dadurch zu einem besseren Verständnis von pathologischen Wiedergutmachungsvorgängen und auch zu einer Vorstellung darüber, an welchen Punkten der Versuch, wiedergutzumachen, in jene verzweifelten Bemühungen umschlägt, die Freud (1914g; 1920g) als »Wiederholungszwang« beschrieb. Ihre Tragik liegt darin, dass sie den dem Objekt unbewusst zugefügten Schaden erneuern, statt ihn anzuerkennen und zu betrauern (Weiß 2011).

Die Fähigkeit, den Verlust des Objekts anzuerkennen, es zu betrauern und Schritte in Richtung Wiedergutmachung einzuleiten, bildet für Hanna Segal die Voraussetzung dafür, neues Leben hervorzubringen. Ihre diesbezüglichen Untersuchungen zum Ursprung der künstlerischen Kreativität (Segal 1981; 1991) haben weit über die Psychoanalyse hinaus Anerkennung gefunden. Ähnlich wie in der Wissenschaft ist auch hier die Fähigkeit, Neues zu denken und Symbole für unsere emotionalen Erfahrungen zu bilden, eng an die Bereitschaft gebunden, omnipotente Phantasien aufzugeben und die Wirklichkeit anzuerkennen (Segal 1994). In der Bereitschaft, den Verlust von Allmacht zu ertragen, liegt deshalb eine der Quellen von Wiedergutmachung.

Doch Hanna Segal hat nicht nur die Wiedergutmachung als zentrale, mit dem Lebenstrieb verbundene Aufgabe beschrieben, sondern auch dem Konzept des Todestriebes seinen spekulativen Charakter genommen und ihm eine unmittelbare klinische Bedeutung verliehen (vgl. Segal 1993). Wahrscheinlich würde sie sagen, theoretische Konzepte seien ohne diese

Fundierung in der klinischen Praxis nicht viel wert. Sie mochte keine Theorien, die sich zu Glaubensüberzeugungen verselbständigten und hätte wohl aus vollem Herzen jenem Satz Friedrich Schleiermachers zugestimmt, den Hans-Georg Gadamer (1996, S. 359) mit den Worten zitiert: »Ich hasse alle Theorie, die nicht aus der Praxis erwächst.«

Von daher ihre Bewunderung für den frühen, aber nicht für den späten Bion, ihre Kritik an Lacan, über den sie einmal sagte: »Was nützt eine schöne phallische Theorie, wenn sie nicht für die klinische Praxis taugt?«[4]

Für Hanna Segal war klar, dass psychoanalytische Theorie nur aus der klinischen Praxis hervorgehen kann und ständig an eben dieser Praxis überprüft werden muss – und zwar mit jenen Mitteln, wie sie die psychoanalytische Methode zur Verfügung stellt: d. h. der Untersuchung der Übertragungssituation, dem Durcharbeiten der Gegenübertragung, der Diskussion von klinischem Material in Seminaren und Fallsupervisionen.

Konkret bedeutet dies, dass wir uns in unserem Vorgehen sowohl an unserer Gegenübertragung als auch an der Beobachtung der Reaktionen der Patienten auf unsere Deutungen orientieren sollten. Gewiss ein unsicheres Terrain, aber die einzige Navigationshilfe, die uns bei der Erforschung des Unbewussten zur Verfügung steht.

»Solche Untersuchungen«, schrieb Hanna Segal 2006 im *American Imago*, »erfordern neue Techniken. Neue Techniken bringen neue Tatsachen hervor, und diese erfordern unter Umständen wieder neue Techniken. Und beide, sowohl die Techniken, als auch die offenkundig entdeckten Tatsachen müssen überprüft werden.« (S. 283; Übers. H. W.) Auf diese Weise verändere die mikroskopische Betrachtung oftmals unsere Sicht makroskopischer Prozesse. Niemals jedoch gebe es eine »wirklich objektive« Haltung, die es uns ermögliche, das, »was ist«, von außen zu sehen.

In der Teilchenphysik hatte Heisenberg diesem Umstand mit dem Begriff »Unschärferelation« Rechnung getragen. In der Psychoanalyse, so Hanna Segal, seien die Verhältnisse jedoch noch komplizierter. Denn nicht nur verändere die Subjektivität des Beobachters das Beobachtungsfeld, sondern umgekehrt übe auch die analytische Situation einen machtvollen Einfluss auf den inneren Zustand des Analytikers aus.

---

[4] Persönliche Mitteilung, 2008.

Es war dieser Umstand, der in der Mitte des vergangenen Jahrhunderts die Gegenübertragung in den Mittelpunkt der Betrachtung rückte. So wie die Übertragung am Anfang der Psychoanalyse eine schwer zu überwindende Barriere bildete, so war es nun eine schmerzvolle Entdeckung, dass die Gegenübertragung zugleich einen »blinden Fleck« *und* eine wichtige Erkenntnisquelle darstellte. Dies galt vor allem für solche Patienten, die ihre abgespaltenen Gefühle und unbewussten Phantasien nur über primitive projektive Mechanismen übermitteln konnten.

Hanna Segal wurde mit diesen Vorgängen in der Analyse von Borderline- und psychotischen Patienten vertraut, mit deren Behandlung im Rahmen des klassischen Settings sie Neuland betrat. Zusammen mit Herbert A. Rosenfeld und Wilfred R. Bion gehörte sie zu jenen Pionieren, die sich Ende der 1940er Jahre in bis dahin unbekanntes Terrain vorwagten, um sich Erfahrungen zu stellen, die aus der Behandlung von Kindern und erwachsenen neurotischen Patienten nur teilweise bekannt waren (vgl. Weiß, Horn 2007).

Doch so überraschend und verwirrend diese Erfahrungen auch waren, Hanna Segals Sicht der Gegenübertragung blieb nüchtern und pragmatisch. Sie sei »der beste aller Diener, aber der schlechteste aller Herren«, erklärte sie in einer Arbeit aus dem Jahr 1997 (S. 119) – dann nämlich, wenn man seine forschende Haltung beibehalte und die Gegenübertragung nicht zu einer Art mythischer Intuition verkläre.

Diese Betrachtungsweise ist sehr charakteristisch für Hanna Segals Verständnis der analytischen Situation: Letztlich müsse es darum gehen, das Wirksamwerden unbewusster Phantasien innerhalb der therapeutischen Beziehung zu untersuchen. Diese Haltung des Forschens und Überprüfens betrachtete sie als Bemühen um Wahrheit – »truth« mit einem kleinen t, anstelle des Eintauchens in eine mythische Offenbarung, die sie als »Truth« mit einem großen T beschrieb, welche jede Bewegung des kritischen Forschens und Fragens zum Stillstand bringe.

In diesem Sinne sah sie sich in der Tradition Freuds, Kleins und des frühen Bion. Sie schätzte die sinnliche Erfahrung – in Gegensatz zu Bions späten Arbeiten, deren Transformationen sich in einem immateriellen Raum bewegten.

Es ist typisch für Hanna Segal, dass ihr Forschungsdrang stets mit einer nüchternen Sicht der Wirklichkeit verbunden war. Man könnte auch sagen, dass sie sich den Manifestationen menschlicher Destruktivität nur deshalb so unbeirrbar stellen konnte, weil ihre Wissbegierde mit einem solchen Zutrauen in die psychoanalytische Methode – und das heißt: mit so viel »Lebenstrieb« – gesättigt war. Diese Haltung war auch in der persönlichen Begegnung mit ihr sehr spürbar.

Mir ist noch gut eine Erfahrung in Erinnerung, die beide Einstellungen, ihr Mitgefühl und ihre Unterstützung, aber auch ihr Nachforschen und ihren unverstellten Blick auf die Wirklichkeit sehr deutlich zum Ausdruck brachte: Ich war mit Hanna Segal zu einer Supervision verabredet und hatte zuvor noch kurz John Steiner besucht. Für den Folgetag hatten wir mit ihr ein klinisches Seminar vereinbart. Als ich John Steiner verließ, um zu Hanna Segal zu fahren, war mein Auto ausgeraubt worden. Ich hatte es in der Nähe geparkt und da ich es nur kurz verlassen wollte, hatte ich meine Aktentasche auf dem Rücksitz stehen lassen. Ohne dass äußerlich eine Beschädigung zu erkennen war, waren alle meine Unterlagen, die Tasche, das Geld, der Ausweis und die Kreditkarten verschwunden.

In einem ziemlich verwirrten und aufgelösten Zustand kam ich bei Hanna Segal an. Sie wusste bereits von John Steiner, was geschehen war, begrüßte mich herzlich und bot mir Geld und Unterstützung an. Ich antwortete, dass meine Frau auch in der Stadt sei und wir deshalb zum Glück noch etwas Geld hätten. Sie sagte daraufhin:»Es ist doch immer gut, eine Frau zu haben.« Ich war jedoch noch immer ziemlich verzweifelt und verwirrt. Dann fragte sie mich, wie es denn sein könne, dass mein Wagen nicht beschädigt wurde, wenn meine Aktentasche auf der Rückbank gestohlen worden war. Ich antwortete, ich glaubte, ich hätte den Wagen abgeschlossen, und sie bemerkte:»Wenn ich die Versicherung wäre, würde ich wahrscheinlich nicht bezahlen!«

Mir erschien ihre Bemerkung im ersten Moment ziemlich mitleidlos. Aber sie vermittelte etwas von ihrem Sinn für die Rauigkeit der Wirklichkeit und half mir schließlich, zu unserer Supervisionsarbeit zurückzufinden.

Rund um diese Supervisionen entwickelten sich Gespräche über viele persönliche und theoretische Themen. Als ich ihr einmal sagte, ich hätte auf der Rückfahrt von London auf einer Tagung in Frankfurt eine kontroverse Diskussion mit einigen lacanianischen Analytikern zu bestehen, überlegte sie, ob es nicht wichtiger sei, diese Debatte vorzubereiten und das klinische Material für dieses Mal beiseite zu lassen. Wenn wir uns auf unseren nächsten Supervisionstermin verständigten, sagte sie meist: »Ja gerne, wenn ich noch da bin!«

Im Juli 2011 war Hanna Segal dann nicht mehr da. Aber sie ist in ihrer Direktheit und Aufgeschlossenheit gegenüber neuen Ideen immer noch sehr lebendig in mir. Bei einem unserer letzten Gespräche erwähnte sie, dass sie über die Themen des Sehens, des Riechens und der Zeit gerne noch arbeiten würde. Sie wusste, dass ich an Missrepräsentationen der Zeiterfahrung besonders interessiert war, und als ich sie fragte, ob sie dazu bereits ein Manuskript in Vorbereitung hätte, lachte sie und sagte, nein, sie wolle jetzt nichts mehr publizieren. Und sie fügte hinzu: »Dieses Manuskript werden Sie dann schreiben!« Es war diese Mischung aus Offenheit, Wissbegierde und Ermutigung, die die Arbeit mit ihr zu einer so bereichernden Erfahrung machte.

Und es war die gleiche Zuversicht, die ihrem lebenslangen politischen und sozialen Engagement zugrunde lag. Hanna Segal beschrieb die Mechanismen von Projektion, Idealisierung und Spaltung, die zum Aufbau eines Weltbildes führen, in dem stets ein »Feind« benötigt wird, um die eigene Idealisierung aufrecht zu erhalten und Schuldgefühlen aus dem Weg zu gehen. Aber sie wies auch darauf hin, dass es sehr wohl einen Unterschied gibt zwischen omnipotenter Idealisierung und dem menschlichen Bedürfnis, nach einem Ideal zu streben. In ihrer Arbeit über den Golfkrieg – und hier schließt sich der Kreis zum Buch ihres Vaters aus dem Jahr 1942 – schrieb sie:

> Es ist etwas anderes, Ideale zu haben: Es ist nicht pathologisch, auf eine bessere Zukunft – z. B. auf Frieden – zu hoffen und danach zu streben, wenn man sich über die Schwierigkeiten, dies zu erlangen im Klaren ist und anerkennen kann, dass die Widerstände dagegen nicht nur von anderen ausgehen, sondern auch in uns selbst begründet sind. (Segal 1995, S. 168; Übers. H. W.)

Im vorliegenden Band werden teils aus persönlicher, teils aus wissenschaftlicher Perspektive verschiedene Aspekte ihres Werks und ihrer Persönlichkeit beleuchtet. Alle Autoren kannten Hanna Segal und waren ihr durch Seminararbeit, Supervisionen und Tagungen persönlich verbunden.

Dies gilt insbesondere für John Steiner, mit dem sie vielleicht von allen, die ihr nachfolgten, am nächsten verbunden war. Seine hier abgedruckten Überlegungen beinhalten nicht nur Hanna Segals zentrale theoretische Beiträge, sondern auch seine persönlichen Erinnerungen an sie als Lehranalysand und ihre Handhabung des analytischen Settings. Dabei gehe es darum, ein Gleichgewicht zwischen Wohlwollen (kindness) und Wahrhaftigkeit (truthfulness) zu finden. Denn die Suche nach Wahrheit ohne wohlmeinende Aufnahmebereitschaft könne ebenso grausam und verfolgend werden, wie Wohlwollen ohne Wahrhaftigkeit beschwichtige und die Wirklichkeit verzerre. Dabei sei der Konflikt zwischen beiden Einstellungen nicht leicht zu lösen: Der Analytiker könne sich entweder zu einem Wohlwollen auf Kosten von Wahrhaftigkeit oder zu einer Suche nach Wahrheit ohne Mitgefühl hingezogen fühlen, was es in jeder Situation immer wieder neu zu durchdenken und zu bearbeiten gelte.

David Bell, der unter dem Titel *Reason and Passion* (Bell 1997) eine Festschrift für Hanna Segal herausgegeben hat, skizziert in seinem Beitrag die wesentliche Stationen von Hanna Segals Werk und hebt die Verbindung zwischen ihrer analytischen Haltung und ihrer gesellschaftskritischen Position hervor. Beide lassen sich nach seiner Auffassung nicht voneinander trennen. Denn es sind dieselben Mechanismen, die pathologischen Organisationen im Individuum, innerhalb der Gesellschaft und im geopolitischen Kontext zugrunde liegen. Deshalb könne der Psychoanalytiker nicht umhin, Verantwortung zu übernehmen, wie es Hanna Segal in ihrem paradigmatischen Aufsatz *Silence is the real crime* (Segal 1987) forderte.

In enger Auseinandersetzung mit Hanna Segals ästhetischer Theorie untersucht Claudia Frank am Beispiel von Giorgio Morandis Stillebenvariation *Natura morta* die für die künstlerische Arbeit zentralen Symbolisierungsprozesse. Ausgehend von Segals Überlegungen entwickelt sie eigene, weiterführende Vorstellungen zu der Frage, wie unbewusste Phantasien im Rezeptionsvorgang wirksam werden. Auf die frühesten Beziehungserfahrungen zwischen Eltern und Säugling Bezug nehmend, kommt sie auf die Rolle der projektiven Identifizierung zu sprechen, die sich in einem Bereich »jenseits der Worte« abspielt, aber stets auf ein aufnehmendes Gegenüber angewiesen ist.

Anhand von klinischem Fallmaterial, welches er z.T. noch selbst mit Hanna Segal besprechen konnte, formuliert Raimund Rumpeltes im Anschluss daran seine Überlegungen zur »manisch-omnipotenten Position«, die er als Grenzzustand zwischen den beiden von Melanie Klein beschriebenen, grundlegenden seelischen Funktionsformen der »paranoid-schizoiden« und »depressiven Position« begreift. Auch ihm geht es um die primitiven Vorläufer der Symbolbildung, wie sie Hanna Segal unter dem Titel »symbolischen Gleichsetzung« beschrieb. Dabei kann er auch neuere Konzeptionen, wie Ronald Brittons (1998) Überlegungen zu dynamischen Übergängen zwischen beiden Positionen und John Steiners (1993) Theorie psychischer Rückzugszustände, einbeziehen.

Unmittelbar auf Hanna Segals klinische Pionierarbeit mit erwachsenen psychotischen und Borderline-Patienten nimmt Esther Horn in ihrem Beitrag Bezug. Anhand von Fallbeispielen aus Segals frühen Arbeiten schildert sie, wie sie zu ihren grundlegenden Entdeckungen über psychotische Funktionsweisen gelangte und wie sich Hanna Segal, Herbert Rosenfeld und Wilfred Bion Ende der 1940er und Anfang der 1950er Jahre in ihrer Entwicklung gegenseitig beeinflussten und ergänzten. Eine Entwicklung, die sich bis in die Gegenwart hinein fortsetzt und die auch unsere behandlungstechnischen Vorstellungen grundlegend verändert hat.

In seinen persönlichen Erinnerungen an Hanna Segal zeichnet schließlich Peter Gabriel die enge Verbindung von Persönlichkeit und Werk nach, die ihren Auffassungen und ihrem Engagement eine so große Authentizität verlieh. Dabei kommt er auf ihre Beziehung zum Werk Wilfred Bions, Anna Freuds, Jacques Lacans, Donald Winnicotts und anderer Analytiker zu sprechen, von denen sie sich zum Teil kritisch absetzte. Besonders deutlich werden hier ihre psychoanalytische Haltung, ihre Überlegungen zur Behandlungstechnik und ihr ganz persönlicher Stil, der nicht nur ihren Analysanden, sondern auch ihren Supervisanden zu Gute kam.

Als Anhang sind die bisher unveröffentlichten Grußworte Hanna Segals anlässlich einer Tagung abgedruckt, die 2008 aus Anlass ihres 90. Geburtstages am Robert-Bosch-Krankenhaus in Stuttgart stattfand.

Die Herausgeber danken den Autoren und allen, die zum Gelingen dieses Bandes beigetragen haben, insbesondere Carl-Johannes Rumpeltes und

Annerose Winkler für ihre Übersetzungen. Dem *International Journal of Psychoanalysis* und *Karnac Books* danken wir für die Abdruckgenehmigung der Beiträge von John Steiner und David Bell. Esther Horn hat nicht nur alle Beiträge noch einmal sorgfältig durchgesehen und redigiert, sondern auch bei der Übersetzung der Arbeit von David Bell mitgewirkt. Ihr gilt ebenso unser Dank wie Carina Weiß und Jan Spering für die Überlassung der Fotografien. Schließlich möchten wir uns bei unserem Verleger, Herrn Roland Apsel, für die Unterstützung und Geduld bedanken, mit der er die Erstellung des vorliegenden Bandes begleitet hat.

Literatur

Ambache, S. et al. (2007): Response to Dr. Segal's letter in the fall edition of *American Imago*. Brit Psychoanal Soc Bull, 43 (2): 42–43.

Bell, D. (Hrsg.) (1997): *Reason and Passion: A Celebration of the Work of Hanna Segal*. London: Duckworth.

Britton, R. (1998): Identifikation als Abwehr. In: Britton, R., Feldman, M. & Steiner, J.: *Identifikation als Abwehr: Beiträge der Westlodge-Konferenz II*. Tübingen: edition diskord, 17–44.

Freud, S. (1914g): Erinnern, Wiederholen und Durcharbeiten. *GW X*, 126–136.

Freud, S. (1920g): Jenseits des Lustprinzips. *GW XIII*, 1–69.

Gadamer, H.-G. (1996): Hermeneutik – Theorie und Praxis. In: Weiß, H. & Lang, H. (Hrsg.): *Psychoanalyse heute und vor 70 Jahren: Zur Erinnerung am die 1. Deutsche Zusammenkunft für Psychoanalyse am 11. und 12. Oktober 1924 in Würzburg*. Tübingen: edition diskord, 359–368.

Hunter, V. (1993): An interview with Hanna Segal. *Psychoanal Rev*, 80: 1–28.

King, P. & Steiner, R. (Hrsg.) (2000): *Die Freud/Klein-Kontroversen 1941–1945, Bd. 1 und 2*. Stuttgart: Klett-Cotta. [Original: Dies. (Hrsg.) (1991): *The Freud–Klein Controversies 1941–45*. London: Routledge.]

Klein, M. (1928): Frühstadien des Ödipuskomplexes. In: Cycon, R. (Hrsg.) (1995–2002): *Melanie Klein: Gesammelte Schriften, Bd. I/1*. Stuttgart, Bad Cannstatt: frommann-holzboog.

Leibel, D., Loden, S., Sanchez, E. & Yakeley, J. (2007): Response to Dr. Segal's article in the fall edition of *American Imago*. Brit Psychoanal Soc Bull, 43 (2): 44.

Parsons, M., Dermen, S., Schachter, J. (2007): Responses to John Steiner's letter in the February Bulletin. *Brit Psychoanal Soc Bull*, 43 (3): 45–46.

Poznanski, C. (1942): *The Rights of Nations*. London: George Routledge Sons.

Quinodoz, J.-M. (2008): *Listening to Hanna Segal: Her Contribution to Psychoanalysis*. London, New York: Routledge.

Sayers, J. (2000): *Kleinians: Psychoanalysis Inside Out*. Cambridge, Oxford: Polity Press, Blackwell.

Segal, H. (1950): Some aspects of the analysis of a schizophrenic. *Int J Psychoanal*, 31: 268–278.

Segal, H. (1952): A psychoanalytical approach to aesthetics. *Int J Psychoanal*, 33: 185–206.

Segal, H. (1957): Bemerkungen zur Symbolbildung. In: Bott Spillius, E. (Hrsg.) (2002): *Melanie Klein Heute, Bd. 1*. 3. Aufl. Stuttgart: Klett-Cotta, 202–224.

Segal, H. (1964): *Introduction to the Work of Melanie Klein*. London: Hogarth. [Dt.: Dies. (2013): *Melanie Klein: Eine Einführung in ihr Werk*. 2. Aufl. Frankfurt a. M.: Brandes & Apsel.]

Segal, H. (1978): On symbolism. *Int J Psychoanal*, 59: 315–319.

Segal, H. (1981): *Wahnvorstellung und künstlerische Kreativität*. Stuttgart: Klett-Cotta 1996.

Segal, H. (1991): *Traum, Phantasie und Kunst. Über die Bedingungen menschlicher Kreativität*. Stuttgart: Klett-Cotta 1996.

Segal, H. (1993): Über den klinischen Nutzen des Todestriebskonzepts. *Jahrb Psychoanal*, 44 (2002): 105–119.

Segal, H. (1994): Phantasy and reality. *Int J Psychoanal*, 75: 395–401.

Segal, H. (1995): From Hiroshima to the Gulf War and after. In: Dies. (1997): *Psychoanalysis, Literature and War: Papers 1972–1995*. London, New York: Routledge, 157–168.

Segal, H. (1997): The uses and abuses of counter-transference. In: Dies.: *Psychoanalysis, Literature and War: Papers 1972–1995*. London, New York: Routledge, 111–119.

Segal, H. (2001): Yesterday, today and tomorrow. In: Dies. (2007): *Yesterday, Today and Tomorrow*. London, New York: Routledge, 46–60.

Segal, H. (2006): Reflections on truth, tradition and the psychoanalytic tradition of truth. *American Imago*, 63 (3): 283–292.

Segal, H. (2007a): *Yesterday, Today and Tomorrow*. London, New York: Routledge.

Segal, H. (2007b): Response from Hanna Segal in response to correspondence following her article in the fall edition of *American Imago*. *Brit Psychoanal Soc Bull*, 43(3): 44–45.

Segal, H. (2008): Grußwort zur Tagung *Destruktivität – theoretische Konzepte und klinische Aspekte* aus Anlass ihres 90. Geburtstags am 25. Oktober 2008, Robert-Bosch-Krankenhaus, Stuttgart (im vorliegenden Band, S. 169–170).

Steiner J. (1993): *Orte des seelischen Rückzugs. Pathologische Organisationen bei psychotischen, neurotischen und Borderline-Patienten.* Stuttgart: Klett-Cotta 1998.

Steiner, J. (2007): Response to the above correspondence following Dr. Segal's article in the fall edition of *American Imago*. *Brit Psychoanal Soc Bull*, 42(2): 45.

Weiß, H. (Hrsg.) (2005): *Ödipuskomplex und Symbolbildung: Ihre Bedeutung bei Borderline-Zuständen und frühen Störungen.* Tübingen: edition diskord.

Weiß, H. (2012): Wiedergutmachung beim Borderline-Patienten. *Jahrb Psychoanal*, 65: 59–80.

Weiß, H. & Horn, E. (2007): Zur Entwicklung des Psychoseverständnisses in der kleinianischen Tradition. In Mentzos, S. & Münch, A. (Hrsg.): *Britische Konzepte der Psychosentherapie: Forum der psychoanalytischen Psychosentherapie, Bd. 18*. Göttingen: Vandenhoeck & Ruprecht, 11–39.

Prof. Dr. med. Heinz Weiß
Abteilung für Psychosomatische Medizin
Robert-Bosch-Krankenhaus
Auerbachstraße 110, D-70376 Stuttgart (Germany)
(heinz.weiss@rbk.de)

Sigmund-Freud-Institut
Myliusstraße 20, D-60323 Frankfurt a. M. (Germany)
(weiss@sigmund-freud-institut.de)

John Steiner

Reflektionen über Hanna Segals Werk (1918–2011)

Hanna Segal starb 2011 im Alter von 93 Jahren und hatte, soweit ich zurückdenken kann, eine formidable Präsenz innerhalb der British Psychoanalytical Society. Ich möchte hier etwas zu ihrem Werk sagen, dabei aber auch meine persönliche Erfahrung ihrer Arbeitsweise erwähnen. Als ich sie 1967 auf der Suche nach einem Analytiker kontaktierte, war ihr ihr Ruf schon vorausgeeilt. Ich erhielt Ratschläge von Freunden, und selbst diejenigen, die mich vor den Kleinianern warnten, konnten ihren Respekt vor ihr nicht verbergen. Irgendjemand gab mir ihr Buch *Melanie Klein. Eine Einführung in ihr Werk* (1964), worin Kleins Ideen erläutert und durch klinisches Material aus Segals eigener Praxis illustriert werden. Später sollte ich dann wertschätzen, was für eine brillant klare Darstellung von Kleins Gedanken dies war, aber zu jener Zeit konnte ich zugegebenermaßen nicht viel damit anfangen. Nach weiteren Erkundigungen und einiger verwirrter Lektüre entschloss ich mich, Henri Rey zu vertrauen, meinem Lehrer am Maudsley Hospital, der in seiner Empfehlung eindeutig war. Dann gab es einen frühen Rückschlag, als mir Dr. Segal mitteilte, ihr Honorar betrüge vier Guinees,[1] denn ich wusste, dass meinem Freund Sandy Bourne, welcher gerade seine Analyse bei ihr beendet hatte, zwei Guinees bezahlt hatte. Als ich das Honorar in Frage stellte, schlug sie ganz einfach vor, ich könne, falls die Finanzen ein Problem darstellten, auch Miss Joseph sehen, welche einen Platz für drei Guinees hatte. Nachdem ich Betty sah und eine Weile unschlüssig blieb, kam ich zum Entschluss, dass es vermutlich keine gute Idee wäre, am Honorar zu sparen.

---

[1] Rechnungseinheit, die auf der früher im Umlauf befindlichen Britischen Goldmünze basiert [Anm. d. Ü.].

Dies sollte nicht das letzte Mal sein, dass ich es mit ihrer Hartnäckigkeit und Unverblümtheit zu tun bekam, und wir hatten eine Anzahl von Konfrontationen, aus denen ich üblicherweise mit wachsendem Respekt für ihren Charakter und für ihre Kenntnis meines Charakters hervorging. Als ich auf Hanna Segals Beerdigung sprach, erwähnte ich, dass ich im Laufe meiner Analyse viele Beschwerden bei ihr vorbrachte. Manche davon erachte ich immer noch als nicht ganz unvernünftig: So argumentierte ich zum Beispiel mit gewissem Erfolg, dass Rauchen schädlich sei – weniger erfolgreich jedoch, dass es unnötig sei, Patienten ohne Zwischenpausen direkt hintereinander zu sehen. Insbesondere jedoch erinnere ich mich daran, wie ich mich darüber beschwerte, dass sie immer so selbstgewiss erschien und niemals Zweifel an ihren Ideen, an Klein oder an der Psychoanalyse im Allgemeinen aufkommen ließ. Ihre Antwort darauf war, dass sie – sollte sie Zweifel haben –, diese ganz sicher nicht mit mir besprechen würde! Dies mag man vielleicht nicht als Deutung bezeichnen, es war aber eine ihrer wirksameren Interventionen, die mich die von mir selbst eingenommene Rolle erkennen ließ.

Die psychoanalytische Haltung und das Setting

Hanna Segals unverstellter Charakter bescherte ihr mehr als einmal Schwierigkeiten. Was sie überhaupt nicht tolerieren konnte, waren Abweichungen von der grundlegenden psychoanalytischen Haltung gegenüber der Wahrheit, welche sie als eine der zentralen Grundsätze Freuds betrachtete – und eine, die Klein ganz ausdrücklich unterstützte. Diese grundlegende Haltung spiegele sich im analytischen Setting. So schrieb sie also:

> Wenn wir einem Patienten eine Analyse anbieten, verpflichten wir uns, die Bedingungen bereitzustellen, unter denen diese durchgeführt werden kann. Das analytische Setting wurde schon oft beschrieben. Ich möchte an dieser Stelle jedoch erwähnen, dass die *Haltung des Analytikers* ein wesentlicher Bestandteil dieses Settings ist. Wenn wir akzeptieren, dass die Einsicht an und für sich der primäre kurative Faktor ist, so verpflichten wir uns als Teil des Settings, welches wir zur Verfügung stellen müssen, dass der Analytiker nichts tun sollte, was die Entwicklung der Übertragung beeinträchtigen könnte, dass er als Per-

son zur Verfügung steht, deren alleinige Funktion darin besteht, auf einfühlsame Weise zu verstehen und dem Patienten das relevante Wissen, welches er erlangt hat, zu dem Zeitpunkt mitzuteilen, zu dem der Analysand am ehesten bereit ist, es zu verstehen. (Segal 1962, S. 212)

Da die Priorisierung der Analyse der Übertragung von ihr als zentrales Element der analytischen Haltung betrachtet wurde, war sie insbesondere gegenüber solchen Enactments kritisch, in welchen der Analytiker dem Patienten etwas anderes als Verstehen anbietet, denn diese kommen der Entwicklung der Übertragung in die Quere. Die Versorgung mit Ratschlägen, Hilfe, Versicherungen, Erziehung und Zufriedenstellung trügen ihrer Ansicht nach alle dazu bei, die Übertragung zu verzerren, und seien somit als analytische Fehler zu behandeln. Sie erkannte jedoch, dass wir alle solche Fehler machen, und als Analytikerin, Supervisorin und Kollegin war sie extrem nachsichtig bezüglich der Schwächen anderer Menschen – ihre eigenen mit eingeschlossen. Sie wusste, dass es unmöglich war, uns auf die Suche nach Wahrheit und Verstehen zu beschränken, da wir alle menschlich sind und uns unweigerlich dazu getrieben fühlen, dem Patienten zu helfen oder ihn zu beruhigen. Sie behandelte es auch nicht als Desaster, wenn wir solcherart ausagierten. Wogegen sie jedoch ankämpfte, war jegliche Lehre, welche es als wünschenswert betrachtete, solche Modifikationen oder Zusätze dem primären Ziel des Verstehens hinzuzufügen.

Manchmal hört es sich in ihren Schriften so an, als glaube sie, eine rücksichtslose Suche nach der Wahrheit sei Teil der analytischen Haltung; als man sie diesbezüglich kritisierte, erkannte sie an, dass Feingefühl, Freundlichkeit und eine Anerkennung der Verletzlichkeit des Patienten ebenso entscheidend seien. Probleme entstehen dann, wenn Freundlichkeit die Objektivität des Analytikers stört. Dann kann es schwierig werden, den möglicherweise entstehenden Konflikt zwischen Wahrheit und Freundlichkeit zu lösen. Dies kann entweder zu einer Tendenz führen, auf Kosten der Wahrheit zur Freundlichkeit verführt zu werden oder etwas anzubieten, was wie eine von Mitgefühl beraubte Wahrheit erscheint. Wenn ich an dieses Dilemma denke, kommt mir E. M. Fosters Bemerkung in *A Passage to India* in den Sinn, wo er schreibt: »Wahrheit ist nicht Wahrheit in diesem anspruchsvollen Land, wenn sie nicht von Güte begleitet ist […].«

Ich denke, Hanna Segals Güte wurde von einem Respekt für die Wahrheit begleitet, und durch ihre Freundlichkeit war die Wahrheit leichter zu akzeptieren und weniger verfolgend.

Unbewusste Phantasie und das Hier-und-Jetzt

Hanna Segal war von der Arbeit ihrer Zeitgenossen Bion und Rosenfeld beeinflusst, zuletzt aber ganz besonders von ihrer langjährigen Freundin Betty Joseph. Sie bewunderte Josephs Aufmerksamkeit für die momentane Interaktion zwischen Analytiker und Patient, insbesondere für die Art ihrer Kommunikation, und schätzte ihre Erkenntnis, dass die Reaktion auf eine Deutung oftmals ein Licht auf die Arbeit des Analytikers wirft. Sie stimmte mit Joseph dahingehend überein, dass es bei Analytikern häufig vorkommt, dass sie sich in einer Abwehrbewegung der Vergangenheit oder Dingen außerhalb der Übertragung zuwenden, um die Spannung im Hier-und-Jetzt zu vermeiden. Aber sie glaubte nicht, dass dies immer so sei, und neigte durchaus dazu, der Biographie und Situationen außerhalb der Übertragung, welche sie für ihr Verständnis der Übertragung als hilfreich empfand, erhebliche Aufmerksamkeit zu schenken.

Sie argumentierte dahingehend, dass eine Übertragungsdeutung in erster Linie das Geschehen im Hier-und-Jetzt der Stunde aufgreifen solle, dass dies aber ein Wiedererleben sowohl dessen sei, was in der Vergangenheit geschehen sei, als auch dessen, was sich im täglichen Leben des Patienten zutrüge. Was diese ungleichen Erfahrungen integriere, sei die unbewusste Phantasietätigkeit des Patienten, welche einen Einblick in seine innere Welt eröffne. Sie schrieb:

> Eine volle Übertragungsdeutung – und selbst wenn wir nicht immer eine vollständige Deutung machen können, streben wir danach, diese letztendlich zu vervollständigen – eine volle Deutung wird das Deuten der Gefühle, Ängste und Abwehrmechanismen des Patienten umfassen, unter Berücksichtigung des Auslösers in der Gegenwart und dem Wiedererleben der Vergangenheit. Sie wird die Rolle einbeziehen, die seine inneren Objekte spielen, und das Wechselspiel zwischen Phantasie und Realität. (Segal, 1962, S. 213)

Folglich beachtete und deutete sie häufig die unbewussten Phantasien, welche die Beziehungen zwischen Selbst und Objekten aus der inneren Welt des Patienten repräsentierten, und zwar so, wie sie in der Übertragung agiert wurden. Die analytische Arbeit umfasse die Erläuterung und Interpretation solch unbewusster Phantasien, die nur dann modifiziert werden könnten, wenn diese zum Zeitpunkt des Wiedererlebens in der Übertragung bewusst gemacht würden. Die vergangene und gegenwärtige Lebenssituation mit der Übertragung zu verknüpfen, war etwas, was Hanna Segal meiner Meinung nach besonders gut gelang. In ihren Deutungen beschrieb sie oft die Rolle, die ihr zugedacht war, als eine aus der Vergangenheit oder aus den gegenwärtigen Beziehungen des Patienten entstammende; und sie erkannte, dass alle drei – also Figuren aus der Vergangenheit, diejenigen aus dem Alltagsleben und der Analytiker in der Übertragung – letztendlich durch die Projektion archaischer Figuren auf sie geschaffen wurden. Ihre Deutungen konnte sie dann so formulieren, dass sie aufzeigten, wie die archaischen Figuren auf sie projiziert und wie die Beziehung zu ihnen in der Übertragung wiedererlebt wurde.

Ausgehend von der Übertragung arbeitete sie nach außen und stand denjenigen Analytikern kritisch gegenüber, welche die Vergangenheit interpretieren und dann vorschlagen, dass etwas Ähnliches in den Sitzungen passiere. Tatsächlich sprach sie von solchen Deutungen als »die Übertragung spielte auch mit« und legte nahe, dass solchermaßen die Wichtigkeit der Übertragung herabgestuft werde. Sie sah die Übertragung vielmehr immer als vorrangig an und beschrieb, wie Konflikte in der Analyse in den Beziehungen außerhalb agiert würden. Paradoxerweise treffe dies sogar auf die Vergangenheit zu, denn neue Entwicklungen in der Übertragung förderten neue Sichtweisen auf die Primärobjekte des Patienten. Ich kann mich erinnern, dass ich hier zunächst dachte, wie typisch dies für die Arroganz von Analytikern sei, die implizierten, dass die Analyse wichtiger als Beziehungen im echten Leben sei. Ich brauchte eine ganze Weile, um zu erkennen, dass Hanna Segal, wie schon Freud, die Übertragung nicht irgendeiner besonderen Bedeutung ihrer selbst als Person zuschrieb, sondern vielmehr verstand, dass die Übertragung eben deshalb so wichtig sei, weil die primitiven Objekte aus der Innenwelt des Patienten auf den Analytiker projiziert würden.

Primitive Phantasien bezüglich verschiedener Körperteile

Elizabeth Spillius (1994) beschrieb eine zunehmende Tendenz bei zeitgenössischen Analytikern, die Deutung unbewusster Phantasien in körperlichen und Teilobjekt-Begriffen zu vermeiden, und das Gleiche gilt für einen Großteil von Hanna Segals Werk. Sie war jedoch – mehr als die meisten Analytiker – in der Lage, ab und zu solch eine Sprache zu benutzen, um mit primitiven infantilen Erfahrungsebenen und körperlich ausgedrückten Phantasien in Kontakt zu treten. Tatsächlich war sie der Ansicht, dass Einiges an klinischem Reichtum aus Freuds und Melanie Kleins Ansätzen verloren zu gehen drohe, wenn wir primitive Phantasien vermieden. Zum Beispiel schrieb Hanna Segal 1982:

> [...] der Patient träumte, er sei auf einer schnellen Achterbahn, wo er seinem kleinen (Baby) Sohn Orangensaft zu trinken gab und einer Frau, die Milchkartons verkaufte, den Rücken zuwandte und versuchte, sie vor seinem Sohn zu verbergen, damit er nicht nach Milch verlange. Seine Abwendung von der analytischen Situation erfolgte nach einer Stunde, welche er besonders wertschätzte. In diesem Fall war die Abwendung mit neidischen Konkurrenzgefühlen verbunden. Der kleine Sohn repräsentierte sein Baby-Selbst, der Orangensaft Urin und die Achterbahn masturbatorische Erregung. Vor sich selbst versuchte er, sein kindliches Bedürfnis nach der Brust, wie sie von der befriedigenden Stunde repräsentiert war, zu verstecken und sich selbst zu ernähren – mit seinem eigenen Urin, dem unbewussten Inhalt seiner masturbatorischen Phantasie. (Segal 1982, S. 16)

Hier sprach Hanna Segal zum Leser, aber ich erinnere mich an ähnliche Deutungen, die mir oft dann besonders effektiv erschienen, wenn sie tiefere, unter den reiferen Ebenen liegende Schichten berührten.

Theoretische Ideen

Segals theoretische Interessensgebiete waren außergewöhnlich weitreichend. Ihre Faszination von Kunst und Literatur führte zu ihrer inzwischen berühmt gewordenen Arbeit über die Ästhetik (Segal 1952), welche bis heute der vielleicht originellste Versuch eines psychoanalytischen Verständnisses der Kreativität bleibt. In dieser Arbeit beschränkte sie sich nicht nur darauf, die Psychologie des Künstlers zu untersuchen, sondern sie zeigte auf, wie die Psychoanalyse auch zum Verständnis ästhetischer Fragen über die Natur der Kunst und die Unterscheidung zwischen guter und schlechter Kunst beitragen kann. Kurz gefasst dachte sie, dass gute Kunst uns dabei hilft, uns der Realität zu stellen, während schlechte Kunst realitätsfern ist und uns hilft, sie zu vermeiden. Nicht dass sie etwas gegen schlechte Kunst gehabt hätte; tatsächlich hatte sie eine Vorliebe für Kriminalromane, wohin sie sich ungeniert flüchtete. Allerdings verwechselte sie die beiden nicht. So wie das analytische Setting einen Rahmen bietet, innerhalb dessen Patient und Analytiker auf kreative Weise Phantasien untersuchen können, so argumentierte sie, setze der Künstler sein Handwerkszeug ein, mit dem nötigen Respekt vor der Realität, um einen Rahmen zu schaffen, innerhalb dessen seine oftmals verstörenden Beziehungen ausgedrückt werden können.

Diese Ideen wurden später in ihrer Schrift über den Symbolismus (Segal 1957) erweitert, in der sie die Unterscheidung zwischen echter Symbolisierungsfähigkeit und einem konkreten Gebrauch von Symbolen macht, welche sie symbolische Gleichsetzungen nannte. Basierend auf einer früheren Arbeit von Klein, erweitert diese Arbeit grundlegend Kleins Konzept, indem sie aufzeigt, dass man ein echtes Symbol von der symbolisierten Sache unterscheiden können muss und dass diese Unterscheidung beeinträchtigt ist, wenn es, infolge übermäßiger projektiver Identifizierung, nicht gelingt, das Selbst vom Objekt zu trennen.

Das Verständnis psychotischer Mechanismen und die Behandlung von psychotischen Patienten

Hanna Segal war zur Zeit der kontroversen Diskussionen (King & Steiner 1991) Ausbildungskandidatin und beschrieb häufig, wie unwissend sie über die Spannungen innerhalb der Gesellschaft gewesen sei. Beinahe wäre sie als Kandidatin nicht angenommen worden aufgrund ihrer ahnungslosen Annahme in ihren Vorstellungsgesprächen (ich glaube mit Glover), dass Kleins Werk von allen in der Gesellschaft gleichermaßen bewundert würde.

Kurz nach Segals Qualifikation veröffentlichte Klein (1946) ihre bahnbrechende Arbeit *Bemerkungen über einige schizoide Mechanismen*, welche einen neuen Zugang eröffnete, bei dem die Psyche nicht länger als einheitlich betrachtet wurde, sondern als zu Spaltung und zur Projektion abgespaltener Teile fähig. Diese Ideen waren enorm anregend und führten zu einer Atmosphäre von bahnbrechendem Optimismus bezüglich des potentiellen Einsatzes der Psychoanalyse in der Behandlung von psychotischen und Borderline-Patienten. Es waren vor allem Segal, Rosenfeld und Bion, welche die Theorien Kleins nicht lediglich weiterentwickelten, sondern ihre Ideen in die Praxis umsetzten, indem sie psychotische Patienten tatsächlich behandelten (Segal 1950). Manchmal vergleiche ich den frühen Optimismus dieser Pioniere mit den Menschen, die auf der Suche nach Gold ihre Planwagen nach Kalifornien lenkten, wobei diejenigen von uns, die nachfolgten, viel Wertvolles in diesem Ansatz, der uns weiterhin leitet, fanden, nun aber auch deutlich ernüchtert sind, was die Schwierigkeiten der Arbeit anbelangt.

Der Todestrieb

Die Wichtigkeit des Todestriebs wurde von Freud immer wieder betont und, entgegen zeitgenössischer Tendenzen, von Klein aufgegriffen. Segals Arbeit (Segal 1993) *Über den klinischen Nutzen des Todestriebkonzeptes* verdeutlicht dessen klinische Bedeutung, indem sie aufzeigt, wie dessen Erscheinungsformen im Behandlungszimmer zu beobachten sind. Manchmal nimmt der Todestrieb die Gestalt eines verführerischen Sogs an, ein Sog hin zum Tod, welcher als schmerzfreie Lösung präsentiert wird, aber er kann auch als entscheidender Faktor im Hass des Patienten auf die Realität erkannt werden.

Hanna Segal erläutert diesen Hass auf die Realität, welche durch omnipotente Phantasie ersetzt wird, in ihrer Erörterung der beiden möglichen Reaktionen auf Zustände der Bedürftigkeit. Die eine ist lebens- und objektsuchend und führt zu einem Versuch, diese Bedürfnisse in der realen Welt zu befriedigen, wenn nötig auch durch aggressives Bemühen. Die andere versucht, die Erfahrung von Bedürfnissen und die seelischen Schmerzen, die damit einhergehen, zu vernichten. Hier wird das Selbst oder der Teil des Selbst, welcher fähig ist, Schmerzen zu empfinden, angegriffen, ebenso wie das Objekt, welches das Gewahrwerden von Bedürfnissen hervorruft. Anstatt sich auf die Realität zu verlassen, wendet sich der Patient als Lösung omnipotenten Phantasien zu.

Die erste in dieser Arbeit beschriebene Patientin empfand das Leben als andauernde Qual und reagierte auf seelischen Schmerz mit dem Wunsch, ihn loszuwerden. In Bezug auf die Bedrohung eines Atomkriegs sprach sie über ihre Sorge darüber, »wessen Finger am Knopf war«, und wenn ihr Gefühl von Fragmentierung und Verfolgung in Bezug auf eine bevorstehende Unterbrechung interpretiert wurde, antwortete sie: »Ich hasse letzte Stunden – ich kann sie nicht ausstehen. Ich wünschte mir, ich könnte einfach einen Knopf drücken und sie verschwinden lassen.« Dies ermöglichte ein wachsendes Verständnis ihrer Schmerzintoleranz und der Tatsache, dass es ihr eigener Finger am Knopf war, der kontinuierlich mit der Vernichtung drohte, um so auf wahnhafte Weise Erleichterung zu finden.

Wenngleich es stimmt, dass das Todestriebkonzept eine theoretische Bedeutung hat, insofern es die tiefsten Quellen menschlicher Motivation berührt, so war der theoretische Aspekt für Hanna Segal immer nur zweitrangig. Sie stellt klar, dass der Todestrieb klinisch nur in der Beziehung und in ständigem Konflikt mit dem Lebenstrieb Bedeutung hat. Diese beiden großen ursprünglichen Kräfte stehen nicht nur im Widerspruch zueinander, sondern regen sich darüber hinaus gegenseitig an, und sollte eine der beiden zu viel Dominanz gewinnen, wird die andere auf den Plan gerufen und zum Handeln herausgefordert. Die theoretischen Verbindungen zu den Kräften von Integration und Desintegration, von Anabolismus und Katabolismus und von Kreation und Destruktion sind hier offensichtlich.

Hanna Segals Vitalität und Intelligenz zeugen von der Tatsache, dass ein Gewahrsein des Todestriebs im täglichen Leben und im Behandlungszimmer nicht zu einer pessimistischen Lebenseinstellung führen muss. Tatsächlich zeigt sie in ihrer Besprechung des Zitats aus Jack Londons *Martin Eden*, womit sie diese Abhandlung beginnt, wie Martin, als er sich ertränkt, es mit dem Lebenstrieb zu tun bekommt, welcher sich seiner Todessehnsucht in den Weg stellt:

Als er untertaucht, versucht er automatisch zu schwimmen. Dies war der unwillkürliche Lebensinstinkt. Er hörte auf zu schwimmen, aber in dem Moment, als er das Wasser über seinen Mund steigen spürte, schlugen seine Hände jäh mit einer hebenden Bewegung aus. »Dies ist der Lebenswille«, dachte er, und dieser Gedanke wurde von Hohn begleitet.
Als er ertrinkt, hat er einen reißenden Schmerz in seiner Brust. »Was weh tut, war nicht der Tod«, war der Gedanke, der durch sein taumelndes Bewusstsein schwankte. Es war das Leben – die Lebensstiche. (London 1913)

In diesem Zusammenhang weist Hanna Segal darauf hin, dass »jeglicher Schmerz aus dem Leben entstammt«, und tatsächlich ist es dieser Schmerz, der unerträglich werden und zum Todeswunsch führen kann.

Während sie sich insbesondere damit befasst, den Konflikt und die wechselseitige Interaktion zwischen den beiden Urtrieben darzulegen, ist sich Segal auch der Weisen bewusst, in denen sich der Todestrieb als schreckliche Negativität manifestiert, als eine beinahe spürbare Tödlichkeit, die das Leben eines Individuums durchdringen und sich in einer Analyse als Zustand furchtbarer Verzweiflung offenbaren kann. Ein anderer in dieser Arbeit beschriebener Patient fühlte sich im Zusammenhang mit der Aussicht auf das Ende der Analyse kalt und vom Tod durchdrungen. Er empfand eine Lähmung, als habe er keine Gliedmaßen, keine Augen und keinen Mund, wie ein ungeformter Embryo. Hanna Segal weist darauf hin, dass es uns geläufig ist, wie ein Individuum mit dem Schrecken vor Vernichtung umgeht, nämlich indem er ihn nach außen in Objekte hineinprojiziert; aber manchmal, wie in diesem Fall, projiziert der Patient auch seinen Lebenstrieb in den Analytiker. Sich selbst empfindet er als vom Tod eingenommen und legt die Überlebensfrage damit in die Hände des Analytikers.

Joseph (1982) beschrieb diese Erscheinungsformen in ihrer Arbeit über *Die Sucht nach Todesnähe*, und Rosenfeld (1971) zeigte auf, wie wir bei selbstdestruktiven Patienten einen Sog zum Tod hin beobachten können, wenn diese jegliche Lebenserfahrung vernichten wollen und einen Zustand ohne Schmerz und Lust zu finden suchen. Segal weist darauf hin, dass solche Zustände als Oase des Friedens idealisiert werden können, wo das Nirwanaprinzip herrscht, welches Freud in seinen späteren Schriften mit der Wirkungsweise des Todestriebs in Verbindung brachte.

Segal betont, dass der Konflikt zwischen Lebens- und Todestrieb in uns allen vorhanden sei, und sie bemerkte manchmal ironisch, dass sie selbst nicht immer an den Todestrieb glauben könne, da sie bei sich oft feststelle, dass sie, selbst in Situationen, in denen es nicht berechtigt scheine, eine optimistische Haltung einnehme. Dann realisiere sie, dass sie für einen Moment vergessen habe, dass der Todestrieb wie auch der Lebenstrieb allgegenwärtig sei.

Phantasie und Realität

In ihrer Arbeit *Phantasie und Realität* überarbeitet Hanna Segal (1994) Freuds frühe Unterscheidung zwischen dem Lust- und Realitätsprinzip. Warum, so fragt sie, ist es so, dass es, trotz unserer angeborenen Fähigkeit, die Realität präzise zu erkennen, doch so viele Verzerrungen und Missrepräsentationen gibt, die die Wahrnehmung in Richtung Lustprinzip kippen? Sie legt nahe, dass wir mit angeborenen Präkonzeptionen der grundlegenden Grammatik von Objektbeziehungen geboren werden. Diese sind Teil der tiefliegenden Struktur der Seele, ähnlich dem, was Chomsky (1968) über die Sprache behauptet. Wird die Realität jedoch unerträglich, zieht es uns, trotz dieser angeborenen Prädisposition, die Wahrheit zu kennen, zu einem alternativen Glaubenssystem hin, welches auf omnipotenter Phantasie gegründet und vom Lustprinzip beherrscht wird.

Money-Kyrle (1971) behauptet, dass es die Wahrnehmung der Realität von Unterschieden ist, die für das Individuum so schwer erträglich ist, und er beschreibt drei Aspekte der Realität, die so fundamental sind, dass er sie als *Lebenstatsachen* [facts of life] bezeichnet. Diese sind durch die Unterschiede zwischen Selbst und Objekt, die Unterschiede zwischen den Geschlechtern und zwischen den Generationen, und zuletzt durch die Realität des Vergehens der Zeit gegeben. Letzteres repräsentiert den Unterschied zwischen Gegenwart, Vergangenheit und Zukunft und steht mit der Tatsache in Verbindung, dass alles Gute zu Ende gehen muss, auch das Leben selbst. Die Realität des Alterns und des Todes ist ein Teil des Lebens und verleiht der Struktur und Organisation, welche das Leben konstituiert, ihre Bedeutung. Es ist der Tod, welcher dem Leben erst Bedeutung verleiht, und deshalb wurde auch den Göttern, welche ja unsterblich sind, vorgehalten, sie verstünden so wenig vom Leben (Vellacott 1971).

In diesen Überlegungen können wir die enge Verbindung zwischen diesen zwei einflussreichen Arbeiten erkennen, nämlich den Konflikt zwischen Phantasie und Realität auf der einen, und den zwischen Lebens- und Todestrieb auf der anderen Seite. Der Angriff auf die Struktur ist das Markenzeichen des Todestriebs, was der Grund dafür ist, dass seine Aktivität oft am deutlichsten als Neid konzeptualisiert wird, eine destruktive Kraft, die jeglichen Ausdruck von Unterschieden, von Bedeutung, von Organisation und von Struktur attackiert. Hier wird deutlich, wie diese theoretischen Konzepte beginnen, eine klare klinische Relevanz zu erlangen. Alles, was Verschiedenheit betont, ist Ausdruck von Struktur, und das ultimative Ziel des Todestriebs ist das Erreichen von Willkür, Chaos und einem strukturlosen Zustand, in dem nichts existiert, was Neid erregen könnte.

Segal betont wie Klein die Tatsache, dass der Neid vom Todestrieb durchdrungen ist. Eine Folge dieser Verbindung ist, dass eine klinische Verbesserung so häufig zu einer negativen therapeutischen Reaktion führt, bei welcher Neid und die Angst, Neid zu erregen, vorherrschen. Segal war jedoch nicht fatalistisch, und obwohl sie die Wichtigkeit konstitutioneller Faktoren erkannte, betonte sie immer wieder, wie die Beschaffenheit der Umgebung, insbesondere die wirkliche, von der Mutter dargebrachte Fürsorge, den Prozess auf entscheidende Weise beeinflusst.

Eine wesentliche Schwierigkeit in der Analyse von Neid liegt in der Tatsache, dass die Erfahrung so unerträglich ist, dass sie abgespalten und in andere projiziert wird, sodass dies oftmals eher als Angst, beneidet zu werden, deutlich wird. Segal erkannte, dass der Neid universal vorhanden ist und nicht vermieden werden kann, doch sie glaubte, dass er verstanden und durchgearbeitet werden könne, sodass der Patient sich weniger zwanghaft dazu gedrängt fühlt, durch evakuative Projektion damit umzugehen. Zu einem gewissen Grad kann der Neid dann in die Persönlichkeit integriert werden, wo er durch die konstruktiven, mit dem Lebenstrieb verbundenen Elemente modifiziert werden kann. Bewegungen in Richtung Integration können als Repräsentationen des Lebenstriebs gesehen werden, wohingegen die Fragmentierung im Dienste des Todestriebs steht. Diese Betonung zwingt uns zu erkennen, dass Desintegration und Fragmentierung ebenso

Teil des Lebens sind wie die entgegengesetzten Tendenzen, Struktur und Verschiedenheit zu schaffen.

Nicht jede Phantasie ist omnipotent, und Hanna Segal erörtert jene Faktoren, welche es der Phantasie erlauben, neben einer Wahrnehmung der Realität zu existieren, ohne damit in Konflikt zu geraten. Die Unterscheidung basiert auf einer Anerkennung der imaginativen Eigenschaft von Phantasie und der Ansicht, dass sie aus einer Reihe primitiver Hypothesen über die Beschaffenheit der Objekte und der Welt besteht. Segal betrachtete die Wahrnehmung als aktiven Prozess, bei dem diese Hypothesen gegenüber der Realität sowohl durch Handlung als auch durch die Vorstellungskraft getestet werden. Freud betrachtete Gedanken als Probehandeln, und Segal legt nahe, dass die Phantasie an der Realität zum einen durch Handeln und zum anderen durch die Vorstellungskraft gemessen wird, wobei das Individuum verschiedene vorgestellte Handlungen und ihre Folgen durchspielt. Dies führt zu der Überlegung »was würde passieren, wenn ...«, welche es ermöglicht, sich selbst noch so surreale Szenarien auf nicht wahnhafte Weise vorzustellen. Hier besteht selbstverständlich eine enge Verwandtschaft zwischen der Freiheit der Vorstellungskraft und künstlerischer Kreativität, aber Hanna Segal betont, dass es das Handwerkszeug des Künstlers ist, welches ihn in der Wirklichkeit verankert, sodass er seine Vorstellungskraft auf nicht wahnhafte Weise ausleben kann.

In der Arbeit über die Phantasie und Realität erörtert Hanna Segal auch einige der Folgeerscheinungen des Scheiterns einer angemessenen Entwicklung der Symbolisierungsfähigkeit. Sie legt nahe, dass solch ein Scheitern das Subjekt einer omnipotenten Phantasie ausliefere, welche zwanghaft und repetitiv sei und Handeln als einzig zur Verfügung stehende Ausdrucksform erfordere. Möglicherweise von Hyatt-Williams beeinflusst, der damals bei ihr in Analyse war, bezieht sie dies auf die zwanghaften Gewalttaten mancher Mörder sowie auf den Wiederholungszwang und die Rigidität von Strukturen, wenn diese auf konkretem Denken basieren.

John Steiner

Desillusionierung –
die Geschichten von Adam und Eva und Luzifer

Es wird Sie sicher nicht überraschen, dass ich im Anschluss an die Diskussion über Phantasie und Realität und über den Lebens- und den Todestrieb nahelegen möchte, dass es Hanna Segals beständigstes Anliegen war, die Omnipotenz zu verstehen. Sie zeigte wiederholt auf, dass wir alle dazu in der Lage sind, in eine Überzeugung abzugleiten, dass omnipotente Phantasie umsetzbar und deren Früchte sowohl erstrebenswert als auch erreichbar seien. Nachdem ich die Vorzüge, »das Leben so zu sehen, wie es ist«, gepredigt hatte, hat schon mehr als ein Patient zurückgestichelt: »Sie ziehen die Wirklichkeit vor, wenn es Ihnen passt, aber was springt für mich dabei heraus?« Die meisten von uns teilen diese Sicht von Zeit zu Zeit, Hanna Segal würde darauf allerdings mit einem von Dr. Johnson stammenden Zitat Bions (1970) antworten:

> Ob es uns viel Trost spendet, wenn wir das Leben so sehen, wie es ist, kann ich nicht sagen; aber der Trost, der aus der Wahrheit gezogen werden kann, ist solide und beständig; was immer man aus dem Irrtum herleitet, muss, wie sein Ursprung, trügerisch und flüchtig sein. (Bion 1970, S. 15)

Gleichzeitig verstand sie auch, dass eine unerbittliche Konfrontation mit der Wahrheit als Doktrin zu streng war.

In einer kurzen Arbeit, in der sie Zitate aus *Paradise Lost* benutzt, argumentiert Segal (2007b), dass das Trauern immer ein zweifacher Prozess ist. Es stimmt, dass wir uns von realen Objekten trennen und diese betrauern müssen, dies ist aber auch, und für manche Patienten vorwiegend, ein Betrauern verlorener Illusionen. Die gefährlichste und allgegenwärtigste Illusion ist, dass Omnipotenz erreichbar ist, und an eben dieser Illusion wird von Adam und Eva und von Luzifer festgehalten. Sie beschreibt, wie Adam und Eva nach dem »Sündenfall« aus dem Paradies vertrieben werden und, obwohl dies als furchtbare Sache empfunden wird, ist es doch nichts weiter als die Vertreibung aus der Illusion in die Wirklichkeit. »Was ist denn ihre schreckliche Bestrafung?«, fragt sie. Sie werden dazu verdammt, ihr Brot im Schweiße ihres Angesichts zu verdienen und sich unter Schmerzen fortzupflanzen. Man kann sich fragen: »Was für eine Art von Bestrafung ist das überhaupt?« Sie werden zu nichts weiter verdammt als dazu, ein normales Leben zu führen. Der Mensch muss akzeptieren, dass er für sein Überleben arbeiten muss, dass das Kinderkriegen in mehrfacher Hinsicht schmerzhaft ist und, am schwersten von allem, dass er nicht unsterblich ist. Milton zeigt auf, dass Adam und Eva dieser schmerzlichen Realität schlussendlich ins Auge sehen, wohingegen Luzifer seine Omnipotenz nicht aufgeben kann, und Segal beschreibt seinen »Fall« als Niedergang in eine psychotische Hölle.

Bei vielen Patienten besteht die Herausforderung in der Analyse darin, die Omnipotenz aufgeben zu können, und Segal hat oft darauf hingewiesen, dass diese, um sie aufgeben zu können, zunächst einmal erkannt werden müsse. Darüber hinaus ist es auch der Analytiker, der seine Schwierigkeiten damit hat, seinen Illusionen von Omnipotenz, welche seinen therapeutischen Eifer anfeuern, die Stirn zu bieten.

Lehrfunktion in der British (Psychoanalytic) Society

Während sich ihre Kreativität hauptsächlich in ihren Schriften ausdrückt, war Hanna Segal zugleich eine großartige Lehrmeisterin und eine bedeutende politische Aktivistin. Als Lehranalytikerin unterstützte sie mehr Kandidaten als sonst irgendjemand, der mir in den Sinn kommt. Ich persönlich könnte schon 15 KollegInnen aufzählen, die bei ihr in Analyse waren, und bei acht von diesen weiß ich, dass sie Lehranalytiker geworden sind. Natürlich sind noch viele weitere zu ihr zur Supervision gegangen, eine große Anzahl aus dem Ausland mit eingeschlossen.

Sie schrieb auch ausgiebig über politische Themen, insbesondere über die atomare Bedrohung, und sie war ebenso eine politische Aktivistin, die sich Protestmärschen anschloss und zusammen mit Moses Laufer 1983 dazu beitrug, die PPNW (Psychoanalysts for the Prevention of Nuclear Weapons) zu gründen, welche als politischer Interessensverband fungierte. Obwohl ich nicht alle ihre Ansichten teilte, bewunderte ich doch ihre Bereitschaft, sich hinzustellen und da mitzumischen, wo es zählt. Ich erinnere mich an mein Erstaunen, den *New Statesman* in ihrem Wartezimmer ausliegen zu sehen, weil ich dachte, als Analytikerin sollte sie neutral bleiben und ihre politischen Ansichten verbergen. Auf diese Art von Argumente entgegnete sie, es sei wichtig *neutral, aber nicht neutralisiert zu sein!*

Zuletzt möchte ich Hanna Segals Sinn für Humor erwähnen, und, obwohl ich nicht all ihre Scherze lustig fand, mag ich ganz besonders eine Bemerkung, welche sie über die Mäßigung machte. Ihr Enkel Paul berichtete bei ihrer Beerdigung, sie habe gesagt, sie glaube an »*die Mäßigung in allen Dingen, aber einschließlich der Mäßigung*«!

Aus dem Englischen von Annerose Winkler

Literatur

Bion, W. R. (1970): *Attention and Interpretation.* London: Tavistock. [Dt.: Ders. (2009): *Aufmerksamkeit und Deutung.* 2. Aufl. Frankfurt a. M.: edition diskord bei Brandes & Apsel.

Bott Spillius, E. (1994): Developments in Kleinian Thought: Overview and Personal View. *Psychoanal Inq,* 14: 324–364.

Chomsky, N. (1968): *Language and Mind.* New York: Hartcourt, Brace and World.

Forster, E. M. (1924): *A Passage to India.* London: Edward Arnold.

Joseph B. (1982): Addiction to near-death. *Int J Psychoanal,* 63: 449–456. Reprinted in: Feldman, M. & Bott Spillius, E. (Hrsg.) (1989): *Psychic Equilibrium and Psychic Change: Selected Papers of Betty Joseph.* London: Routledge, 127–138. [Dt.: Joseph, B. (1994): Die Sucht nach Todesnähe. In: Feldmann, M. & Bott Spillius, E. (Hrsg.): *Betty Joseph: Psychisches Gleichgewicht und psychische Veränderung.* Stuttgart: Klett-Cotta, 189–206.]

King, P. & Steiner, R. (Hrsg.) (1991): *The Freud–Klein Controversies 1941–45.* London: Routledge. [Dt.: Dies. (Hrsg.) (2000): *Die Freud/Klein-Kontroversen 1941–1945, Bd. 1 und 2.* Stuttgart: Klett-Cotta.]

Klein, M. (1946): Notes on some schizoid mechanisms. *Int J Psychoanal,* 27: 99–110. Reprinted in: Dies. (1975): *The Writings of Melanie Klein, Vol. 3.* London: Hogarth, 1–24. [Dt.: Bemerkungen über einige schizoide Mechanismen. *Gesammelte Schriften.* Stuttgart–Bad Canstatt 1995–2002. Cycon, R. (Hrsg.) unter Mitarbeit von Hermann Erb, Bd. III, 1–41.]

London, J. (1913): *Martin Eden.* London: Macmillan.

Money-Kyrle, R. (1971): The aim of psycho-analysis. *Int J Psychoanal*, 52: 103–106. Reprinted in: Ders. (1978): *The Collected Papers of Roger Money-Kyrle*. Perthshire: Clunie Press, 442–449.

Rosenfeld, H. A. (1971): A clinical approach to the psychoanalytic theory of the life and death instincts: an investigation into the aggressive aspects of narcissism. *Int J Psychoanal*, 52: 169–178. Reprinted in: Bott Spillius, E. (Hrsg.) (1988): *Melanie Klein Today, Vol. 1: Mainly Theory*. London: Routledge. [Dt.: Beitrag zur psychoanalytischen Theorie des Lebens- und Todestriebes aus klinischer Sicht: eine Untersuchung der aggressiven Aspekte des Narzißmus. In: E. Bott Spillius (Hrsg.): *Melanie Klein Heute*, Bd. 1. Klett-Cotta: Stuttgart, 2. Aufl., 1995, 299–319.]

Segal, H. (1950): Some aspects of the analysis of a schizophrenic. *Int J Psychoanal*, 30: 268–278 Reprinted in: Dies. (1981): *The Work of Hanna Segal*. New York: Jason Aronson, 101–120. [Dt.: Einige Aspekte der Analyse eines Schizophrenen. In: Dies. (1992): *Wahnvorstellung und künstlerische Kreativität*. Stuttgart: Klett-Cotta, 133–156.]

Segal, H. (1952): A psycho-analytical approach to aesthetics. *Int J Psychoanal*, 33: 196–207. Reprinted in: Dies. (1981): *The Work of Hanna Segal*. New York: Jason Aronson, 185–206. [Dt.: Eine psychoanalytische Betrachtung der Ästhetik. In: Dies. (1992): *Wahnvorstellung und künstlerische Kreativität*. Stuttgart: Klett-Cotta, 233–259.]

Segal, H. (1957): Notes on symbol formation. *Int J Psychoanal*, 38: 391–397. Reprinted in: Dies. (1981): *The Work of Hanna Segal*. New York: Jason Aronson, 49–65. [Dt.: Bemerkungen zur Symbolbildung. In: E. Bott Spillius (Hrsg.): *Melanie Klein Heute*, Bd. 1. Klett-Cotta: Stuttgart, 3. Aufl. 2002, 202–224.]

Segal, H. (1962): The Curative Factors in Psycho-Analysis. *Int J Psychoanal*, 43: 212–217. Reprinted in: Dies. (1981): *The Work of Hanna Segal*. New York: Jason Aronson, 69–80.

Segal, H. (1964): *Introduction to the Work of Melanie Klein*. London: Hogarth. [Dt.: Dies. (2013): *Melanie Klein: Eine Einführung in ihr Werk*. 2. Aufl. Frankfurt a. M.: Brandes & Apsel.]

Segal, H. (1974): Delusion and Artistic Creativity: Some reflections on reading the Spire, by William Golding. *Int Rev Psychoanal*, 1: 135–141. Reprinted in: Dies. (1981): *The Work of Hanna Segal*. New York: Jason Aronson, 207–216.

Segal, H. (1982): Early Infantile Development as Reflected in the Psychoanalytical Process: Steps in Integration. *Int J Psychoanal*, 63: 15–22.

Segal, H. (1993): On the clinical usefulness of the concept of the death instinct. *Int J Psychoanal*, 74: 55–61. Reprinted in: Dies. (1997): *Psychoanalysis, Lite-*

rature and War: Papers 1972–1995. London: Routledge, 17–26. [Dt.: Über den klinischen Nutzen des Todestriebskonzepts. In: Frank, C., Herold, R., Keim, J., König, B. Seyffer, B., Walker, C. (Hrsg.): Wege der psychoanalytischen Therapie. Attempto: Tübingen 2003, 35–46.]

Segal, H. (1994): Phantasy and reality. *Int J Psychoanal*, 75: 359–401. Reprinted in: Dies. (1997): *Psychoanalysis, Literature and War: Papers 1972–1995.* London: Routledge, 27–40.

Segal, H. (2006): Reflections on Truth, Tradition, and the Psychoanalytic Tradition of Truth. *American Imago*, 63: 283–292.

Segal, H. (2007): Response from Hanna Segal to correspondence published in the Bulletin following her article in the Fall Edition of *American Imago. Brit Psychoanal Soc Bull*, March 2007, 44–45.

Segal, H. (2007): Disillusionment: The story of Adam and Eve and that of Lucifer. In: *Yesterday, Today, and Tomorrow.* London: Routledge, S. 25–36.

Vellacott, P. (1971): *Sophocles and Oedipus: A study of Oedipus Tyrannus with a new translation.* London: Macmillan.

David Bell

Das Werk von Hanna Segal

Die Generation direkt nach Melanie Klein bestand aus einer Gruppe besonders talentierter, produktiver und einflussreicher Persönlichkeiten, darunter vor allem Hanna Segal, Herbert Rosenfeld, Wilfred Bion und Betty Joseph. Diese werden oft als Postkleinianer bezeichnet und obwohl dies historisch korrekt (und damit trivial) ist, ist darin eine Bedeutung enthalten, die problematisch ist. Denn natürlich haben wir Kleins Arbeit nicht ersetzt, eher haben nachfolgende Generationen das von ihr begonnene klinische und theoretische Werk weiterentwickelt.[1]

Segal, Rosenfeld und Bion wurden von Klein analysiert (Joseph von Heimann), und obwohl sie natürlich alle Kleins Arbeiten weiterentwickelten, finde ich es sehr bemerkenswert, wie unterschiedlich die einzelnen Beiträge sind, was als Beleg für Kleins Fähigkeit gesehen werden muss, ihren Analysanden dabei zu helfen, sich auf ihre eigene Art zu entwickeln.

Von diesen vier Hauptfiguren ist Segal diejenige mit dem größten Einfluss außerhalb der Psychoanalyse (Literaturwissenschaften, Ästhetik, Philosophie und Politik). Ich denke, es gibt zwei Fäden, die sich durch ihr Werk ziehen: die Herausarbeitung der Bedeutung der depressiven Position und ihrer Verflechtung mit verschiedenen Bereichen (zum Beispiel in ihrer Arbeit zur Ästhetik, zur Symbolisierung und zur sozialpolitischen Theorie) sowie die Darstellung und Rekonstruktion unbewusster Phantasie und die Erkundung der Ursprünge menschlicher Kreativität und Destruktivität.

Als ich die zweibändige Festschrift für Segal editierte, enthielt der erste Band hauptsächlich Aufsätze zu klinischen und theoretischen Aspekten der Psychoanalyse, während der zweite Band sich mit »angewandten« Arbeiten beschäftigte. Diese Trennung war jedoch eher ziemlich künstlich und stellte mich vor ein Problem. Hanna Segal, die mehr als jeder andere im

---

[1] Das Gleiche gilt auch für den Ausdruck Postfreudianer.

kleinianischen Bezugssystem arbeitete, hat die Bedeutung psychoanalytischer Ideen für unser Wissen über den Menschen insgesamt gezeigt. Ihre Aufsätze zur Ästhetik, Symbolisierung und zu sozialpolitischen Themen haben wesentliche und genuine Beiträge geliefert, die von der Psychoanalyse weit entfernte Forschungsfelder beeinflusst haben. Trotzdem sind diese Beiträge nicht aus einer »speziellen Herangehensweise«, psychoanalytisches Wissen auf andere Gebiete anzuwenden, hervorgegangen, sondern immer ihrem unmittelbaren klinischen und theoretischen Anliegen entsprungen. Ihre klassische Arbeit zur Ästhetik (1952 [1992]) kann sowohl als klinische Diskussion zu den Schwierigkeiten, die Patienten mit ihrem kreativen Schaffen haben, als auch als Beitrag zu einer der zentralen Fragen der Ästhetik gelesen werden. Ihre Studie über Joseph Conrad (1984), obwohl auf einer Ebene eine psychoanalytische Exegese seines Werks, erweist sich zugleich als Untersuchung mit unmittelbarer klinisch-psychoanalytischer Relevanz für die Wurzeln von Kreativität in der depressiven Position und deren Bezug zur Midlife-Crisis. Deshalb sollte die in diesen Bänden vorgenommene Trennung der Beiträge nicht als Spiegelung einer ähnlichen Trennung innerhalb ihres Werkes gesehen werden, das in Wirklichkeit eine bemerkenswerte Einheit zeigt.

Kurze Biografische Anmerkungen

Hanna Segal wurde 1918 in Lodz geboren, wohin ihr Vater entsandt worden war, um politische Aufgaben für die entstehende polnische Republik zu übernehmen. Ihre Kindheit war von einem tiefen Trauma überschattet: dem Verlust ihrer damals vierjährigen Schwester Wanda, mit der sie tief verbunden war und an die sie sich gut erinnerte, obwohl Segal zum Zeitpunkt ihres Todes nur zweieinhalb Jahre alt war. In ihrer Jugend hatte sie bereits alles von Freud, was zu diesem Zeitpunkt ins Polnische übersetzt worden war, gelesen, ebenso wie Laforgue und Pfister. Die Entdeckung der Psychoanalyse in dieser Lebensphase war, wie sie es ausdrückte, ein Geschenk des Himmels. Sie bot ein Fundament für all das, was sie beschäftigte, und führte ihre unterschiedlichen Interessen zusammen: Ihr Interesse für das Seelenleben, das sich in ihrer Liebe zur Literatur spiegelte, ihr Wunsch, sich sozial zu engagieren und ihre hochentwickelte wissenschaftliche Einstellung gegenüber der Welt im Allgemeinen, derer sie sich damals wahrscheinlich noch nicht bewusst war.

Segals Supervisoren während ihrer psychoanalytischen Ausbildung waren Joan Riviere und Paula Heimann, die sie beide sehr schätzte. Sie hatte immer das Gefühl, dass Joan Riviere nie ausreichend gewürdigt worden war. Riviere war für Segal nicht nur eine hervorragende Klinikerin, sondern auch eine außergewöhnliche Intellektuelle mit einem breiten und tiefgehenden Interesse für Literatur und die Künste. Sie war es, die Segals Wissen zur englischen Literatur erweiterte und vertiefte und ihr ihre Bibliothek zu Verfügung stellte. Im Gegenzug machte Segal Riviere mit Proust und Apollinaire vertraut.

Segal schloss ihre Ausbildung 1945 im Alter von 27 Jahren ab. Das Jahr 1946 bis 1947 war insofern außergewöhnlich, als sie ihren Mann Paul heiratete, ihr erstes Kind bekam und ihren ersten Aufsatz *Eine psychoanalytische Betrachtung der Ästhetik* (1952 [1992]) vor der Britischen Psychoanalytischen Gesellschaft präsentierte. Sie begann kurz danach eine Ausbildung zur Kinderanalytikerin, supervidiert von Paula Heimann, Esther Bick und Melanie Klein. 1949 hielt sie ihren Aufnahmevortrag zur Mitgliedschaft *Einige Aspekte der Analyse eines Schizophrenen* (1950 [1990]). Fünf Jahre später wurde sie zur Lehranalytikerin ernannt.

Seit dem Abschluss ihrer Ausbildung widmete sie ihre gesamte berufliche Laufbahn der psychoanalytischen Praxis, Lehre und dem Schreiben eigener Arbeiten. Darüber hinaus hatte sie verschiedene wichtige Funktionen inne. Sie war Präsidentin der Britischen Psychoanalytischen Gesellschaft und zweimal Vizepräsidentin der Internationalen Psychoanalytischen Vereinigung. 1992 wurde sie mit dem Sigourney Award für ihre Beiträge zur Psychoanalyse ausgezeichnet.

Historischer Kontext

Um ihre theoretische Arbeit zu würdigen, ist es notwendig, diese historisch zu verorten. Die Jahre von 1941 bis 1945, in denen Hanna Segal die psychoanalytische Bühne betrat, waren jene, in denen die Britische Psychoanalytische Gesellschaft in politische Unruhen und Debatten verstrickt war, die als »Controversal Discussions« bekannt geworden sind. Man muss sich in Erinnerung rufen, dass Freud nur zwei Jahre zuvor gestorben war und gewissermaßen zwei Gruppen damit beschäftigt waren, was als echte Weiterentwicklung seines Werks und was als wesentliche Abweichung galt. Diese Periode erzeugte nicht nur erhebliche Spannungen, sondern sorgte auch für Aufklärung, denn die Anhänger verschiedener Richtungen waren gezwungen, ihre Positionen klar herauszuarbeiten. Daraus ging die Veröffentlichung von Arbeiten hervor, die grundlegend für die Entwicklung der Psychoanalyse in England geblieben sind, vor allem Susan Isaacs *Wesen und Funktion der Phantasie* (1948 [2016]). Die Fragen, die bei diesen Debatten aufgeworfen wurden, sind nicht nur von historischem Interesse. Sie tauchen, gebrochen durch die Linse eines scheinbar zeitgenössischen Themas, häufig wieder auf, zum Beispiel in Diskussionen über das Arbeitsbündnis, über die Realbeziehung und den Zugang zu tief unbewussten, primitiven Phantasien. Das rührt daher, dass die Thematik dieser Kontroverse zum Kern unseres Verständnisses der psychoanalytischen Auffassung der Psyche sowie der Natur der psychoanalytischen Aufgabe vorstoßen.

1946, im Jahr nach Segals Ausbildung, publizierte Klein ihren bahnbrechenden Aufsatz *Bemerkungen über einige schizoide Mechanismen* (1946 [1983]), in dem sie sehr primitive mentale Mechanismen beschrieb, die schwerwiegenden psychopathologischen Zuständen zugrunde liegen. Es war dieser Aufsatz, in dem sie die Spaltung des Ich und die Projektion von Teilen des Selbst in Objekte genau darlegte und die Ängste und Motive erläuterte, die diesem Prozess zugrunde liegen. Diese Entdeckungen schufen die Basis für die Weiterentwicklung der Theorie durch ihre Analysanden Segal, Rosenfeld und danach Bion, die neue Erkenntnisse aus der Behandlung psychotischer Patienten gewannen. 1947 hielt Segal ihren Aufnahmevortrag für die Mitgliedschaft *Einige Aspekte der Analyse eines Schizophrenen* (1950 [1992]). Dies war die erste wissenschaftliche Arbeit über einen Patienten, der zum Zeitpunkt seiner Überweisung schizophren war und ohne eine fundamentale Änderung der klassischen psychoanalytischen Technik behandelt wurde.

Isaacs (1948 [2016]) bezog den bis heute zentralen Standpunkt, dass der primäre Inhalt des Unbewussten die unbewusste Phantasie ist. Die Prozesse, die wir psychische Mechanismen nennen, wie zum Beispiel Projektion, Introjektion und Identifizierung, sind sozusagen Beschreibungen »von außen«. Von innen, also aus der Perspektive des Subjekts, sind sie psychisch als unbewusste Phantasien repräsentiert. Projektionen sind z.B. mit unbewussten Phantasien des Subjekts verbunden, Aspekte seines Selbst und seiner Objekte auszustoßen, Introjektionen damit, Aspekte des Objekts in das Selbst hereinzunehmen, die danach mit dem Selbst identifiziert werden können. Diese Phantasien hängen letztlich alle von der Erfahrung körperlicher Vorgänge ab, da es die psychische Wahrnehmung dieser Körpervorgänge ist, die die Bausteine aller späterer psychologischen Erfahrung bilden – wie Freud (1923) sagte: »Das Ich ist vor allem ein körperliches« (S. 253). Wollheim (1969) hat die daraus folgenden Bedeutungen aus philosophischer Perspektive erörtert. Für ihn stellen Phantasien die Art und Weise dar, wie der Verstand seine eigenen Aktivitäten sich selbst gegenüber repräsentiert. Aber es handelt sich nicht um bloße Repräsentationen wie in einem Film, der parallel zu den geistigen Mechanismen abläuft, sondern um ein einheitlicheres Phänomen. Wie die Psyche ihre eigenen Aktivitäten phantasiert, hat entscheidenden Einfluss auf ihre Struktur und Funktion. Die Phantasie, wichtige Teile des Selbst, gute oder schlechte, in Objekte zu projizieren, zieht ein Gefühl der Leere nach sich. Bis zu einem gewissen Grad entspringt dieses Gefühl der präzisen Wahrnehmung der Psyche von ihrem auf die Projektion folgenden eigenen Zustand – die Psyche ist tatsächlich entleert.

Der Grund, warum ich darauf Bezug nehme, ist nicht nur der, dass diese Verknüpfung zwischen Theorie und klinischer Erfahrung zentral für die kleinianische Art nachzudenken ist, sondern weil ich glaube, dass Hanna Segal ihre beste Vertreterin ist. Ihre Beiträge decken ein sehr weites Feld ab, durch:

- ihre theoretischen und klinischen Erweiterungen von Kleins Werk (wie in ihrer unübertroffenen Einführung in das Werk Melanie Kleins);
- ihre Arbeiten zur Symbolisierung; zum Verständnis von Psychosen; zur Ästhetik und Literatur;
- ihr psychoanalytisches Engagement zu sozialpolitischen Themen.

Ein besonderes Charakteristikum von Segals Aufsätzen ist ihre Fähigkeit, klinische Bespiele zu benutzen, die sowohl die Theorie in der Praxis lebendig veranschaulichen als auch Fragestellungen aufzuwerfen, die zu weiteren theoretischen Erwägungen führen.

Eine psychoanalytische Betrachtung der Ästhetik

Eine psychoanalytische Betrachtung der Ästhetik (1952 [1992]), obwohl erst 1952 veröffentlicht, war der erste Vortrag, den Segal 1947, im Alter von dreißig Jahren und zwei Jahre nach ihrer Ausbildung, vor der Britischen Psychoanalytischen Gesellschaft hielt. Darin verbindet sie ihre Beschäftigung mit der Psychoanalyse mit ihrem Interesse für Kunst und Literatur. Ausgangspunkt ihrer Überlegungen waren ihre psychotischen Patienten und einige Künstler, die bei ihr in Analyse waren und unter einer Hemmung ihrer Kreativität litten. Beide hatten in der Analyse grundlegende Probleme mit ihrer Fähigkeit, Symbole frei zu verwenden. Bei den Künstlern zeigte sich während ihrer Analyse eine Verbindung zwischen der Hemmung in ihrem Schaffen und ihrer Unfähigkeit zu trauern. Das brachte Segal dazu, die Wurzeln von Kreativität in der depressiven Position zu erforschen und eine Theorie der Ästhetik zu entwickeln. Sie schaffte damit zum ersten Mal eine Basis, um von einer psychologischen Perspektive aus zu verstehen, was Kunst universal und dauerhaft macht.[2]

Freuds Arbeiten auf diesem Gebiet konzentrierten sich vor allem auf zwei Ansätze: Erstens entdeckte er durch die Erforschung der Inhalte eines Kunstwerks universelle Themen. Zweitens interessierte er sich dafür, welche infantilen Situationen aus dem eigenen Leben des Künstlers sich in dessen Werk spiegeln. Ein solcher Ansatz jedoch konnte die Frage, wie und

---

[2] Wie weithin bekannt, sind Künstler oftmals sehr zögerlich, sich in eine Analyse zu begeben, aus Angst, dass die Analyse sie ihres kreativen Schaffens berauben könnte. Obwohl man das natürlich nicht ausschließen kann, muss man bedenken, dass dies gleichwohl eine Projektion auf die Figur des Analytikers sein könnte, der sie als beängstigend neidische Figur ihrer wertvollen Besitztümer beraubt und sie mit der Behauptung auslöscht, dass alle ihre Werke »nur ein Symptom« seien.

warum ein Kunstwerk auf das Publikum wirkt, nicht beantworten. Darüber hinaus würde man durch eine rein inhaltlich basierte Analyse sowohl in den griechischen Tragödien als auch in zeitgenössischer, seichter Fernsehunterhaltung ähnliche Inhalte finden. Es würde nicht zwischen Ödipus Rex und The O. C. [amerikanische Teenie-Serie; Anm. d. Ü.) unterschieden werden können. Wie Segal in Bezug auf frühere Arbeiten von Freud und anderen bemerkt: »Sie behandelten Themen von psychologischem Interesse, nicht jedoch das zentrale Problem der Ästhetik, das da lautet: Was macht gute Kunst aus, und unter welchem wesentlichen Aspekt unterscheidet sie sich von anderen menschlichen Werken, insbesondere von schlechter Kunst?« (1952 [1992], S. 233)

Freud fehlte das passende konzeptionelle Werkzeug, um dieses Problem zu fassen. Dies hielt ihn wie so oft aber nicht davon ab, seiner eigenen Intuition in einer mehr literarischen, anekdotenhaften Weise zu folgen. In seiner Arbeit *Vergänglichkeit* (Freud 1916), die zur selben Zeit wie *Trauer und Melancholie* veröffentlicht wurde, beschreibt er einen Dichter (Rilke, wie man heute vermutet) und einen »schweigsamen« (ebd., S. 358) Freund, die die Schönheit ihrer Wanderung nicht genießen konnten, weil ihre Wahrnehmung der Schönheit davon beeinträchtigt war, dass sie auch schmerzvolle Erinnerungen an die Vergänglichkeit des Lebens hervorrief. Freud hielt dem entgegen: »Der Vergänglichkeitswert ist ein Seltenheitswert in der Zeit [...]. Wenn es eine Blume gibt, welche nur eine einzige Nacht blüht, so erscheint uns ihre Blüte darum nicht minder prächtig.« (ebd., S. 359) Er stimmte zu, dass das Bewusstsein aller Schönheit und Perfektion unweigerlich Gedanken an Tod und Vergänglichkeit mit sich bringt, aber, wie er ausführte, »der Wert all dieses Schönen und Vollkommenen wird nur durch seine Bedeutung für unser Empfindungsleben bestimmt, braucht dieses selbst nicht zu überdauern und ist darum von der absoluten Zeitdauer unabhängig« (S. 356). Diese Überlegungen hatten jedoch keinen Einfluss auf seine Freunde, was ihn zu der Folgerung veranlasste, dass »die Einmengung eines starken affektiven Moments« am Werk war, was er schließlich als eine »seelische Auflehnung gegen die Trauer« (ebd., S. 356) beschrieb.

Segal setzte die Fähigkeit zu trauern, jetzt bereichert durch Kleins Beschreibungen des der depressiven Position zugrunde liegenden inneren

Ringens, ins Zentrum sowohl der Arbeit des Künstlers als auch der ästhetischen Reaktion des Publikums. Kunstwerke beziehen ihre ästhetische Tiefe aus der Fähigkeit des Künstlers, sich dem Schmerz und der Schuld zu stellen, die mit seiner Wahrnehmung des angerichteten Schadens an seinem guten Objekt einhergehen. Durch seine Erschaffung eines Werkes zeigt uns der Künstler die damit verbundene erfolgreiche Anstrengung, diesen Kampf zu bewältigen; das Werk selbst ist ein Akt der Wiedergutmachung. Wir, als Publikum, sind von solchen Werken ergriffen, weil wir uns mit der Konfrontation des Künstlers mit dem Schmerz über seine zerstörte innere Welt identifizieren, ebenso wie mit seiner Fähigkeit, diesen durch intensive psychische Arbeit zu überwinden, wie sie in seinem Werk sichtbar wird.[3]

Segal bezieht sich auf die französische Literatur, die so wichtig für sie als junge Erwachsene war – Proust, Flaubert und Zola. Proust machte seine Beobachtungen, über sein Bedürfnis zu schreiben, zu einem wichtigen Fundament seines Werks. Er verband die kreative Arbeit mit der Trauerarbeit, wenn er schreibt: »(...) ein Buch ist ein großer Friedhof, wo man auf den meisten Grabsteinen die verblassten Namen nicht lesen kann.« (in: Segal 1952 [1992], S. 239) Segal beschreibt, auf welche Weise der Künstler, ähnlich wie der Neurotiker, unter dem ganzen Schmerz und Schrecken, angesichts einer zerstörten inneren Welt, leidet, anders als der Neurotiker aber nicht von magischen Lösungen abhängig ist. Das Bewusstsein des Künstlers von dem Schmerz seiner inneren Welt ist hoch entwickelt, ebenso wie die Fähigkeit, ihn auszuhalten, und seinem Ringen, durch seinen gleichermaßen hochentwickelten Realitätssinn eine Gestalt zu geben, ein reales Objekt zu schaffen, das immer eine Mitteilung an seine Mitmenschen ist.

Segals Patienten konnten die von diesen inneren Zuständen ausgehenden Schmerzen nicht ertragen – wie Freuds Begleiter rebellierte ihre Psyche gegen die Trauer. Sie waren deshalb nicht nur in ihrem künstlerischen Dasein blockiert, sondern auch in anderen schöpferischen Bereichen ihres

---

[3] Daher gibt es eine Symmetrie zwischen Segals Zugang zu künstlerischem Schaffen und der Reaktion des Publikums auf ein Kunstwerk. Der Philosoph Richard Wollheim hat gezeigt, dass dies eine wesentliche Stärke ihres Beitrags ist.

Lebens, vor allem in ihrer Sexualität. Das Unvermögen zu trauern schien aus zwei Hauptquellen zu rühren: einerseits aus der Unfähigkeit, den Schmerz der Schuld auszuhalten, andererseits aus der Intoleranz gegenüber dem Getrenntsein vom Objekt, welches das Trauern unweigerlich mit sich bringt – in anderen Worten: aus narzisstischen Gründen.

Segal arbeitete darüber hinaus über die Beziehung zwischen Form und Inhalt und über die Natur der Schönheit, unserer Liebe zu ihr wie auch unserer Furcht vor ihr. Sie zeigte, dass das Gegenteil von Schönheit, als Grundlage eines Aspekts der ästhetischen Erfahrung, nicht Hässlichkeit sein kann, sondern nur »ästhetische Indifferenz«. Hässlichkeit, als Teil menschlicher Erfahrungen, ruft oft ästhetische Reaktionen von großer Tiefe hervor, vor denen wir nicht zurückweichen und die in mancher Hinsicht unserer Reaktion auf Schönheit ähneln. Ferner bringt das Begreifen von Schönheit nicht nur Freude, sondern auch Schrecken mit sich. Segal untersucht dieses Paradox, indem sie sich an Rilkes Duineser Elegien erinnert: »Denn das Schöne ist nichts als des Schrecklichen Anfang, den wir noch grade ertragen.« (S. 689)

In Bezug auf Hanns Sachs Buch *Beauty, Life and Death* führt Segal weiter aus, dass die Schwierigkeit nicht darin besteht, Schönheit zu verstehen, sondern sie auszuhalten. Sachs verknüpft das Grauen, das dadurch entstehen kann, gerade mit der Friedlichkeit eines perfekten Kunstwerks, das er als statisches Element bezeichnet. Es ist friedlich, weil es unveränderbar und ewig erscheint. Und es ist furchteinflößend aufgrund seiner immerwährenden Unveränderbarkeit, insofern diese ein Ausdruck des Todestriebs – als statisches Element, im Gegensatz zu Leben und Veränderung – ist. Beide, Schönheit und Hässlichkeit zusammen, bestimmen die ästhetische Erfahrung in der Tiefe. Dies lässt sich zum Beispiel an der griechischen Tragödie erkennen, die den Schrecken und die Hässlichkeit des Lebens thematisiert, wohingegen die Schönheit in der Form der Darbietung zum Ausdruck kommt.

Dieser Aufsatz hatte einen sehr großen, weit über die Psychoanalyse hinausreichenden Einfluss, aber ich will weitere Auseinandersetzungen damit der Zukunft überlassen.

David Bell

Einige Aspekte der Analyse eines Schizophrenen

Einige Aspekte der Analyse eines Schizophrenen (1950 [1992]) war Segals Vortrag, mit dem sie 1949 in die Britische Psychoanalytische Gesellschaft aufgenommen wurde. Dass diese Arbeit ein Meilenstein in der Behandlung solch schwerer Psychopathologien ist, habe ich bereits erwähnt. Segal stellt ihre Ansichten denjenigen anderer Autoren gegenüber, vor allem jenen Federns und Fromm-Reichmanns, die eine wesentliche Abweichung von der gewöhnlichen Behandlungstechnik für solche Patienten empfohlen hatten. Sie forderten zum Beispiel, die positive Übertragung zu verstärken, die Feindseligkeit des Patienten nicht zu deuten und sogar so weit zu gehen, die Analyse zu unterbrechen, falls sich die Übertragung ins Negative wendet. Zudem vertrat diese Schule die Position (vgl. Federn 1943), dass Abwehrmanöver und Widerstände nicht interpretiert werden sollten und nichts in das Bewusstsein des Patienten gebracht werden sollte, was unbewusst ist, »da das Ich des Psychotikers ohnehin schon darin versinkt« (Segal 1950 [1992], S. 153). Meines Erachtens hatte dieser Standpunkt zwei Ursprünge: Erstens wurde theoretisch angenommen, dass dem psychotischen Patienten die Ich-Ressourcen fehlen, um weitere Ängste zu ertragen, und dass Verständnis kein ausreichendes Containment zur Verfügung stellt. Zweitens drückt sich in dieser Position möglicherweise eine unbewusste Kapitulation vor dem extremen Gegenübertragungsdruck aus, der einen unvermeidlichen Teil der Behandlung dieser Patienten ausmacht.

Segal ging ohne diese Vorannahmen in die analytische Situation. Aus ihrer Sicht konnte man nur in der Praxis herausfinden, ob es solchen Patienten möglich war, von einer Analyse zu profitieren. »Es war meine Absicht, die Haltung des Analytikers auch ohne die Kooperation des Patienten beizubehalten. [...] Ich versuchte, ihm mit jeder Deutung zu zeigen, dass ich verstanden hatte, was er von mir wollte, warum er es gerade in diesem oder jenem Moment wollte und warum er es sich so verzweifelt wünschte. Und ich ließ den meisten Interpretationen dieser Art eine Deutung dessen folgen, was meine Weigerung für ihn bedeutet hatte.« (1950 [1992], S. 143)

Sie zeigte, dass der Analytiker die der Krankheit zugrunde liegende, tiefgreifende Spaltung eher verstärkt, wenn er die negativen und destruktiven Gefühle und Impulse nicht deutet. Hinzu kommt, dass der Patient die Überbetonung einer idealisierten und positiven Atmosphäre als stillschweigende Zustimmung des Analytikers erlebt, die Feindseligkeit auf andere umzuleiten, höchstwahrscheinlich auf die eigene Familie, die damit überfordert wäre. Ihr Patient versuchte verzweifelt, seine Analytikerin als Verbündete gegen seine zahlreichen Verfolger, darunter Ärzte und Familienmitglieder, zu gewinnen. »Ich fand es lohnend, in der Analyse eines Schizophrenen das zu versuchen, was Freud (1936) als die einzige Möglichkeit gezeigt hat, eine seelische Krankheit bei den Wurzeln zu packen, nämlich nicht die Abwehrmechanismen zu starken, sondern sie in die Übertragung einzubringen und zu analysieren.« (ebd., S. 155)

Edward, der Patient, war trotz seiner Forderung nach allen möglichen Beruhigungen sowie des Drucks, Grenzen zu überschreiten, den er vor allem in der Anfangsphase auf seine Analytikerin ausübte, schließlich in der Lage, Deutungen zu nutzen und Erleichterung zu verspüren, wenn seine Impulse verstanden wurden. Er war nicht überfordert, wenn unbewusste Situationen ins Bewusstsein gebracht wurden, und sehr darauf angewiesen, dass seine Analytikerin Grenzen einhielt. Nachdem das analytische Setting fest etabliert war, konnte er ihr gegenüber einräumen, dass er Angst davor hatte, sie würde seinen Forderungen nachgeben und auf diese Weise seine Allmacht bestätigen. Eines Tages sagte er in großer Sorge, sie solle die Stunde wegen seiner Verspätung nicht überziehen: »Sie sind meine Uhr.« (persönliche Mitteilung)

Obwohl dies ein sehr früher Aufsatz ist, sind Segals Technik und das für ihr Werk grundlegende klinische Denken bereits deutlich zu erkennen. Der Patient brachte in der frühen Phase der Behandlung eine Überfülle an unzusammenhängendem Material ein, aber sie verstand es, daraus die wesentlichen Merkmale herauszudestillieren, die aus zwei miteinander verbundenen Phänomenen bestanden. (Bion, 1962a, beschrieb dies später als »ausgewählte Tatsachen« [»selected facts«].) Diese waren die Beschäftigung des Patienten mit einer zerstörten Welt und sein Gefühl, verändert worden zu sein. Segal beschreibt dies folgendermaßen: »1. Er hatte Angst, dass die Welt zerstört wurde. 2. Er gab dem, was mit ihm geschehen war, eine böse Interpretation (er hatte sich nicht verändert, er war verändert worden). 3. Er schien nicht fähig zu sein, zwischen sich und der Welt zu unterscheiden.« (1950 [1992], S. 135)

Segal behandelt in diesem Aufsatz auch ein Thema, das sie ein Leben lang beschäftigte und dem ich mich kurz zuwenden will. Es geht um die konkrete Art der Erfahrungen des Patienten, die sie als sein Unvermögen beschrieb, zwischen Symbolen und dem Symbolisierten zu unterscheiden. Er setzte einen Stuhl (als Sitzgelegenheit) mit »Stuhl« (Fäkalien) und dem Wort »Stuhl« gleich. Es ist wichtig festzuhalten, dass der Patient erleichtert war, als sie ihm zeigte, dass sie verstand, dass er nicht in der Lage war, diese Unterscheidungen zu treffen.[4] Für ihn war z. B. auch das Gefühl, im Gefängnis zu sein und tatsächlich eingesperrt zu sein, das Gleiche.

Darüber hinaus gibt Segal in dieser Arbeit ein hervorragendes Beispiel für die Beziehung zwischen Theorie und Behandlungstechnik, indem sie den Mechanismus, der einer Halluzination zugrunde liegt, beschreibt und ihn mit ihrem Verständnis von unbewusster Phantasie verbindet. Während der Behandlung erlitt Edward ein schweres Trauma: Zwei männliche Verwandte starben kurz nacheinander. Er blieb oberflächlich unberührt und bezeichnete den zweiten Tod als »freundlich«. Segal zeigte, dass er sich gegen die Verinnerlichung von beängstigenden, verfolgenden toten und sterbenden Objekten wehrte, indem er sich zuredete: »Wenn ich einen so schnellen, schönen Tod hätte, würde ich nicht böse sein. Ich würde die Leute nicht mit Schmerz und Trauer verfolgen. Deshalb kann ich mich sicher fühlen. Die Toten werden nicht böse sein und werden mich nicht verfolgen.« (ebd., S. 146–47) Nach einem Wochenende kam er in einem manischen Zustand zurück, in welchem er, wie das Material zeigte, über seine toten Objekte triumphierte, die nun zurückgekommen waren, um ihn zu verfolgen. Er beschrieb ein Summen in seinem Kopf und musste Augenübungen machen, die vom Zählen und einem darauffolgenden Echo begleitet wurden. Segal zeigte ihm, dass das Echo ihn verhöhnte, und erläuterte daran die zentralen Mechanismen und unbewussten Phantasien. Das Zählen war ein typisch zwanghafter Mechanismus, wenngleich sehr konkret erlebt. Es stand für seine gewalttätigen Impulse gegen seine Objekte (ähnlich dem »Auszählen« beim Boxkampf) und war gleichzeitig

---

[4] Die Schlussfolgerung liegt auf der Hand: Um dies zu verstehen, muss ein Teil des Patienten in der Lage gewesen sein, diese Unterscheidung zu treffen, sonst wäre der Kommentar für ihn bedeutungslos gewesen.

eine Beruhigung, dass gute Objekte noch am Leben und intakt waren, da es sich auch auf das Zählen seiner Familienangehörigen bezog, ähnlich dem beruhigenden Zählen eigener Gliedmaßen.

Der Tod der beiden Verwandten hatte sehr primitive, paranoide Ängste vor toten Dingen zurückgebracht, die ihn innerlich verfolgten und mit denen er umzugehen versuchte, indem er sie nicht beachtete (sie auszählte). Dies ging mit einem Gefühl des Triumphs ihnen gegenüber einher. Augenübungen waren seine Art, seine Augen zu benutzen, um in die ihn ausschließenden Objekte, die seine Neugier (ausgelöst durch die Trennung während des Wochenendes) erweckt hatten, einzudringen und sie zu kontrollieren, was sich letztlich auf das Paar der Urszene bezog. Dieses Eindringen in die Urszene diente auch dazu, den Vater als Rivalen auszulöschen und dadurch ungehinderten Zugang zu seinem Primärobjekt zu gewinnen und dies zu kontrollieren. Allerdings werden die solchermaßen angegriffenen Objekte innerlich lebendig und, angefüllt mit dem Hassgefühl des Patienten, zur Quelle von Verfolgung und Spott (das Echo).

In der nächsten Sitzung berichtete er, dass sich etwas geklärt hätte, da das Summen sich nun artikulieren konnte und gut verständlich »Träume, Träume« sagte. Er beschrieb in der Folge einen Traum, der ein schnelles Spiel zwischen Personen enthielt, sowie einen weißen Mann, der braun wurde, während er näher kam. Der Patient hatte hierzu Assoziationen zu Filmen und Fotografien. Segal sah darin eine Bestätigung ihrer Deutung. Das Filmen und Fotografieren stellte den Gebrauch seiner Augen dar, um in das schnelle Spiel (den Geschlechtsverkehr der Eltern) einzudringen. Sie führte aus, dass der weiße Mann, der beim Näherkommen braun wird, die Inhalte der Phantasie des Internalisierungsprozesses zeigte. So wird der Mann, wenn er näher kommt und für Kontrollzwecke verinnerlicht wird, in gefährlich braune Fäzes verwandelt, die nun ihrerseits zur Quelle von Verfolgung werden und ihn (den Patienten) von innen her kontrollieren. Ebenso stand der näher kommende Mann auch für die Angst des Patienten vor einer bevorstehenden Krankheit. Segal griff diese Angst vor einem Zusammenbruch in der Übertragung auf: Die Analytikerin wird dadurch, dass sie dem Patienten ein derart verstörendes Bild seiner selbst zeigt, das ihm seine Krankheit bewusst macht, vom Patienten konkret als eine Figur wahrgenommen, die auf ihn zukommt und die Krankheit, die hasserfüllten Fäzes, in ihn hineinzwängt.

»Dieser Aspekt des Traumes gab uns eine Anknüpfung an die Übertragung. Während er bei den Augenübungen versuchte, mich beim Koitus zu beobachten, verschlang er mich wütend mit den Augen und verwandelte mich in Fäzes. (Er schaut zu; sie werden braun.) Dann begann ich, ihn von innen her als die innere Stimme zu verfolgen: ›Träume, Träume.‹ Doch fast gleichzeitig findet die Reprojektion statt. Durchs Anschauen füllte Edward auch mich mit Fäzes; als Vergeltung verschlang ihn mein Anschauen, verwandelte ihn (durch Introjektion) in Fäzes, so dass wir durch unser gegenseitiges Anschauen die Exkremente – Krankheit und Tod – gegenseitig in uns hineinlegten.« (ebd., S. 149) Hier zeigt Segal, wie psychische Mechanismen, in Gestalt unbewusster Phantasien, die Beschaffenheit des Objekts und zugleich auch des Ich verändern. Der Mann, der sich dem Patienten nähert und dabei seine Farbe verändert, wird als psychische Repräsentation der aus Ärger erfolgten Verinnerlichung eines Objekts gesehen. Die in dieser Arbeit so überzeugend zum Ausdruck kommende Fähigkeit, das Material auf diese Weise zu nutzen, es mit primitiven körperlichen Phantasien in Beziehung zu setzen und diese sowohl in der Übertragung aufzugreifen als auch als Grundlage für eine in Körperbegriffen ausgedrückte seelische Geographie zu verwenden, wurde zu einem Kennzeichen all ihrer späteren Arbeiten.

Diese Rekonstruktionen sind für Segal manchmal Rekonstruktionen von Phantasien, die nicht direkt mit wirklichen (z. B. historischen) Ereignissen in Verbindung stehen, manchmal aber auch Reinszenierungen realer lebensgeschichtlicher Situationen innerhalb der Übertragung. In einem späteren Aufsatz beschreibt Segal (1994) einen Patienten, der einen wiederkehrenden Traum hatte, in dem er von langen Tieren mit Krokodilmäulern verfolgt wurde, während er auf einem Stuhl gefesselt war. Sie bemerkte, dass er eine auffällig steife Körperhaltung hatte, was den Gedanken in ihr auslöste, dass er als Kind gewickelt worden war. Er bestätigte, vier Monate gewickelt worden zu sein und, laut der Erzählungen, fast durchgehend vor Schmerz geschrien zu habe. Dies, zusammen mit dem Traum, waren Hinweise auf eine zentrale Charakteristik seiner Persönlichkeit, nämlich sein dauerndes Gefühl, bedroht zu werden. Seine Objekte hatten sozusagen seine Auffassung von sich selbst als ein gefesseltes Kleinkind (die verlängerten Körper) mit einem ungeheuer gefährlichen Mund in ihn hineingeschrien.

Anmerkungen zur Symbolbildung

Die nächste große Entwicklung war die Veröffentlichung des Aufsatzes *Anmerkungen zur Symbolbildung* (1957 [1992]). Dieser Aufsatz führt ein Thema ihrer ersten Arbeit weiter aus und wurde zu einer der zentralen Werke der Psychoanalyse. Sie bringt darin eine Reihe verschiedener Gedanken zusammen: den Unterschied zwischen symbolischem und konkretem Denken, die Beziehung der symbolischen Funktion zur depressiven Position und die Rolle der projektiven Identifizierung bei der Symbolbildung. Zudem bezieht sie sich auf ein zeitgenössisches Werk über Symbolbildung des frühen Semiotikers Morris. Er wies darauf hin, dass die symbolische Funktion als eine dreigeteilte Beziehung zwischen dem symbolisierten Gegenstand, dem als Symbol verwendeten Zeichen und der Person, für die das eine das andere darstellt, verstanden werden kann. Segal formuliert es folgendermaßen: »Psychologisch ausgedrückt wäre die Symbolisierung die Beziehung zwischen dem Ich, dem Objekt und dem Symbol.« (ebd., S. 76) Ihr (mittlerweile berühmter) Patient sagte, er wolle nicht Geige spielen, weil er nicht in der Öffentlichkeit masturbiere. Segal zeigt, dass es nicht wirklich weiterhilft, dies als »konkretes Denken« zu bezeichnen, da es nahelegt, dass der schizophrene Patient keine Symbole benutzt, was aber offenkundig nicht zutrifft. Vielmehr drückt er, zumindest aus Sicht des Beobachters, aus, dass die Violine als Symbol für seinen Penis steht. Segal vergleicht die Situation mit einem neurotischen Patienten, der geträumt hat, dass er und ein Mädchen ein Geigen-Duett spielten, was in ihm Assoziationen zu Berühren, Masturbation etc. entstehen ließ. Man *könnte* denken, der entscheidende Unterschied sei der, dass für den schizophrenen Patienten das Symbol bewusst, für den neurotischen dagegen unbewusst ist, dies reicht aber, wie sie ausführt, nicht aus. Wenn einem neurotischen Patienten die unbewusste Bedeutung von z. B. einem Farbpinsel bewusst wird, hat das normalerweise nicht den Effekt, dass es ihn vom Malen abhält, sondern ihn im Gegenteil von einer Last befreit. Der entscheidende Unterschied kann also nicht im psychischen Ort des Symbols gefunden werden (d.h. bewusst oder unbewusst), sondern in der Funktion des Symbols. In dem Patienten, der nicht Geige spielen konnte, wird das Symbol zwar geformt, dann aber mit dem Objekt, das es symbolisiert, gleichgesetzt. Er behandelt seine Geige nicht als eine Repräsentation seines Penis, sondern konkret als seinen Penis, was Segal als Bildung einer »symbolischen Gleichsetzung« beschreibt.

Dies ist bedeutsam für die Technik, da solche Patienten Worte wie Dinge, die sie repräsentieren, behandeln (wie bei Edward, der vorher erwähnte Patient, der das Wort Stuhl mit tatsächlichen Fäkalien gleichsetzte) und deshalb auf die Worte des Analytikers reagieren als wären sie Taten.

Im weiteren Verlauf zeigt Segal, dass der Übergang zur »angemessenen Symbolverwendung« ein wichtiges Ergebnis der Bewegung hin zur depressiven Position ist. Die Schwierigkeit eines Patienten, der »symbolische Gleichsetzungen« bildet, hängt mit seinem Gebrauch der projektiven Identifizierung zusammen. Wenn Teile des Ich und seiner Objekte in ein Objekt projiziert werden, das normalerweise für ein Symbol steht, kommt es zu einer Verwirrung zwischen Ich und Objekt, weil das Symbol zum »Ding an sich« wird. Wenn diese Verwirrung durch die Trennung des Ich vom Objekt überwunden wird, kann das Symbol für das Ding stehen, das es symbolisiert, aber auch eigene Qualitäten behalten und sich dadurch vom ursprünglichen Objekt unterscheiden.

Gesellschaftspolitische Arbeiten

Seit ihrer Jugend hatte Segal ein leidenschaftliches Interesse an gesellschaftlichen und politischen Themen und fühlte sich der »Linken« sehr verbunden. Obwohl sie darüber Vorträge hielt, hat sie bis in die 1980er Jahre keine Arbeiten zu sozialen und politischen Themen veröffentlicht. Die frühen achtziger Jahre markierten einen Tiefpunkt im »Kalten Krieg« und viele glaubten, dass ein Atomkrieg nicht länger nur eine weit entfernte Gefahr darstellte, sondern drohte, Realität zu werden. Die *Medical Campaign against Nuclear Weapons* war bereits etabliert und wollte der Öffentlichkeit mehr objektive Informationen zu der drohenden Gefahr zur Verfügung stellen. Ihr Ziel war es, den Beschwichtigungen der Regierungen, die behaupteten, dass ein Atomkrieg keine katastrophalen globalen Folgen hätte und dass Individuen sich im Fall einer nuklearen Katastrophe schützen könnten, mit wissenschaftlichen Beweisen zu entgegnen. In diesem

Zusammenhang organisierte Segal gemeinsam mit Moses Laufer (ebenfalls ein renommierter Psychoanalytiker) einige Treffen der Britischen Psychoanalytischen Gesellschaft, um ein Diskussionsforum zur Verfügung zu stellen und darüber nachzudenken, welchen Beitrag Psychoanalytiker zu dieser Thematik leisten könnten. Beide hatten das starke Gefühl, dass es in der Einstellung der Öffentlichkeit eine gefährliche Haltung der Realitätsverleugnung bezüglich eines Atomkrieges gab. Zudem waren sie davon überzeugt, dass Psychoanalytiker zum Verständnis dieses Prozesses etwas beitragen könnten, weil die Beschäftigung mit der Abwehr von Ängsten, die in eine Realitätsverweigerung münden, ebenso wie das Aufspüren der daraus resultierenden Effekte Teil ihrer täglichen Arbeit waren. Zwangsläufig dachten viele, dass eine solche direkte Einflussnahme in politische Zusammenhänge der Aufgabe des Psychoanalytikers, seine Neutralität aufrechtzuerhalten, widersprechen würde.

Segal und ihre Kollegen glaubten, dass die Situation so kritisch geworden war, dass nichts zu sagen selbst eine Art der inneren und äußeren Verstrickung war und zwar ein geheimes Einverständnis mit den Kräften, die danach trachteten, Schweigen, im Angesicht einer Katastrophe, aufrechtzuerhalten. Die IPAW (International Psychoanalysts Against Nuclear Weapons) ging auf die zwei Jahre, 1983, zuvor von Hanna Segal und Moses Laufer gegründete PPNW (Psychonalysts for the Prevention of Nuclear Weapons) zurück. In ihrer Arbeit *Schweigen ist das eigentliche Verbrechen* (Segal 1987 [1986]) untersucht sie die Eskalation und die Ideologie des Rüstungswettlaufs aus einer psychoanalytischen Perspektive. Sie zeigt, wie Prozesse von Verleugnung und Spaltung einen Teufelskreis immer größer werdender Destruktivität, Hilflosigkeit, Paranoia und Aufsplitterung von Verantwortung nach sich ziehen. Der Aufsatz enthält eine scharfe Kritik an der Ideologie der nuklearen »Abschreckung« und weist darauf hin, wie Sprache in perverser Weise verdreht wird, um so ihre wahre Bedeutung im Dunkeln zu lassen. »Abschreckung« und »strategische Abwehrinitiative« meint in Wirklichkeit die Fähigkeit, einen atomaren Erstschlag vorzubereiten. Es ist eine beängstigende Erfahrung, diese Arbeit heute erneut zu lesen und zu erkennen, wie nahe die Welt seinerzeit am Abgrund stand.

Die Maschinerie einer Kriegsideologie lud den Feind mit massiver projektiver Identifizierung auf, mit all den verleugneten Selbstanteilen

– die Russen waren »ein Reich des Bösen«, »Monster ohne Respekt vor menschlichen Werten« etc. Sie zitiert Ronald Reagan, der den Abschuss eines koreanischen Flugzeugs mit den Worten kommentierte: »Wir achten das Leben ganz anders, als es diese Ungeheuer tun. Sie sind gottlos. Wegen dieses theologischen Defektes achten sie Menschen oder Menschlichkeit geringer.« (1987 [1986]), S. 202) Ein solch hohes gesellschaftliches Maß an Prozessen von Verleugnung, Projektion und Verachtung führt zu Situationen, die bei jedem Individuum als Ausdruck einer schweren psychischen Störung angesehen würde. In Gruppen und ihren Führern existiert beides: eine Verstärkung ihrer Störung und eine massive Verleugnung von deren Natur. Als Reagan diese Worte äußerte, waren (nach unterschiedlichen Quellen) ca. 35 Millionen Amerikaner, darunter einige führende Persönlichkeiten, bekennende Wiedergeborene Christen, die das Jüngste Gericht (Armageddon) geradezu herbeisehnten. Als die Welt einer nuklearen Katastrophe entgegenraste, empfanden Millionen nichts als Erregung und Hoffnung. Segal betonte immer die Wichtigkeit primitiver Destruktivität und nutzte dieses Wissen hier auf beeindruckende Weise, wenn sie versucht, diese fürchterlichen sozialen Entwicklungen zu fassen zu bekommen. Was könnte die primitivsten Destruktionstriebe besser ausdrücken als das Willkommenheißen von Armageddon, idealisiert als Gottes Wille und Auftakt zu ewiger Glückseligkeit. Es ist eine Art Todestrieb in Reinkultur.

Unter diesen mächtigen Abwehrmanövern, die solche Destruktionen mit sich bringen, liegen, folgt man Segal, Ängste, die nicht ertragen werden können; Ängste, die nichts mit dem Tod, sondern der totalen Vernichtung zu tun haben. Sie bezieht sich hierbei auf die Arbeiten von Lifton (1982), der zeigte, dass wir beim Nachdenken über den Tod durch den Gedanken unseres symbolischen Weiterlebens in unseren Familien, an das, was wir geschaffen haben und an das Weiterleben der Zivilisation selbst, deren Teil wir sind, eigentlich eine Beruhigung erfahren. Doch nach einer nuklearen Katastrophe wird es kein symbolisches Überleben geben, sondern nur totale Vernichtung.

Der Alptraum dieses Vernichtungsszenarios ist Teil der inneren Welt einiger psychotischer Patienten, aber, das verdeutlicht Segal, wir alle sind bis zu einem gewissen Grad anfällig für solche Ängste. So gesehen konfrontiert uns die Bedrohung durch einen Atomkrieg mit der Realisierung unserer schlimmsten Alpträume, die die Anerkennung ihrer wahren Bedeutung besonders unerträglich macht. Dies mündet in einer Tendenz, sich durch die verrückte Verkündigung eines »begrenzten nuklearen Angriffs« zu beruhigen. Die englische Regierung verteilte sogar Ratgeber zum Überleben eines nuklearen Angriffs! Es überrascht nicht, wenn Segal zeigt, dass die Regierung an der Antwort der British Medical Association auf ihre Verteidigungspläne nicht interessiert war. Die British Medical Association stellte klar, dass es gar keine Möglichkeit der Vorbereitung auf eine nukleare Detonation gibt, auch dass es danach keine Kommunikationsmöglichkeiten, keine Ärzte, keine Krankenschwestern und keine Nahrung geben würde, so dass irgendeine Vorbereitung auf ein Überleben in solch einer Situation vollkommen sinnlos wäre.

Segals Arbeit ist ein leidenschaftlicher Aufschrei ihres Herzens (cri de cœur), deren Untertitel sie einer Stelle von Nadezhda Mandelstams *Hope Against Hope* (1971) entlehnte. Deren Ehemann, der Dichter Ossip Mandelstam, wurde von den Stalinisten in einen Gulag deportiert. Nadezhda Mandelstam denkt darüber nach, welche Reaktion die angemessene menschliche Antwort im Angesicht solchen Horrors sein könnte, und warnt vor einer stillschweigenden Zustimmung, die einige als würdevoll empfinden könnten. Sie denkt an die Kuh auf dem Weg zum Schlachter, an ihr Brüllen, ihre Tritte und ihr Schreien und sieht das als die passendere Antwort an, denn – so drückt sie es aus – »Schweigen ist das eigentliche Verbrechen«.

Mit dem Zusammenbruch des Ostblocks wiegten sich einige in der falschen Sicherheit, die Welt sei jetzt weniger gefährlich. Die anfängliche Hoffnung, die mit der »Perestroika« in Russland verbunden war, wich bald einer Verschärfung der Armut und all der sozialen Probleme, die damit einhergehen. Segal ist wachsam gegenüber der Beeinflussung durch ein falsches Sicherheitsgefühl. In *Hiroshima, the Gulf War and after* (1995) richtete sie ihre Wahrnehmung auf eine besondere neue Gefahr, der die Welt ausgesetzt ist. Sie bezieht sich auf Erkenntnisse ihrer klinischen Arbeit, indem sie aufzeigt, dass es eine echte Möglichkeit zu seelischer Entwicklung gibt, wenn die paranoide Angst nachlässt. Dies jedoch ist unausweichlich mit großem Schmerz verbunden, weil das Individuum die wahnhafte Welt, die es bewohnte, ebenso wie den Schaden, den es dadurch verursacht hat, anerkennen muss. Wenn dieser Schmerz aber nicht ertragen werden kann, kann es zu einer gefährlichen manischen Antwort darauf kommen, in der das Selbst idealisiert sowie der angerichtete Schaden verleugnet werden muss und weitere Zerstörung erfolgt, wodurch unvermeidlich wieder eine paranoide Welt errichtet wird.

Auf das Werk Bions Bezug nehmend, zeigt Segal, wie diese extremen Abwehrmanöver in Gruppen intensiviert werden können, insbesondere in den großen Gruppen, die wir »Nationen« nennen. Das Ende des Kalten Krieges hat nicht zu wiedergutmachenden Bewegungen geführt. Die nukleare Aufrüstung wurde fortgesetzt. Die Unfähigkeit, die drängenden Probleme »zu Hause« zu sehen, wie Armut und Arbeitslosigkeit und natürlich die schreckliche Verschwendung menschlicher Ressourcen im Rüstungswettlauf, schuf die Notwendigkeit, einen anderen Feind zu erschaffen, ein anderes »Reich des Bösen«. Und wie wir heute wissen, dauerte es natürlich nicht lange, bis einer gefunden wurde. Saddam Hussein, dessen Despotismus den Westen freilich nicht abgehalten hatte, ihn als Verbündeten zu sehen, ihn aufzurüsten, um seine Aggression gegen den Iran zu unterstützen, wurde ohne Zögern in das benötigte »böse Monster« verwandelt.

Segal macht auf Gefahren aufmerksam, die sie »manischen Triumph« nannte. Die westlichen Ideologien, die über den Zusammenbruch der Sowjetunion und des Ostblocks triumphierten, glauben jetzt, sie könnten die Welt ohne weitere Hindernisse auf ihre Art beherrschen. Jeder »unfreundliche« Staat kann ohne Verhandlungen mit anderen Weltmächten unmittelbar bedroht werden, dabei werden die Vereinten Nationen natürlich immer völlig missachtet. Angesichts dessen glaubt Segal, dass Psychoanalytiker nicht neutral sein sollten, wie einige behaupten. Analytische Neutralität bezieht sich auf die Neutralität des Analytikers in der Behandlungsstunde. Segal vertritt die Ansicht, dass Analytiker eine Verpflichtung haben, den Irreführungen perverser Ideologien entgegentreten, die uns von unseren Machthabern aufgedrängt werden und die natürlich ihren Reiz haben. Diese Verantwortung für die Welt, die uns umgibt, besteht gerade, weil Analytiker ein besonderes Verständnis von kreativen und destruktiven Vorgängen in der Psyche des Individuums haben, ebenso wie von Prozessen, die in sozialen Bewegungen intensiviert werden. Sie weist darauf hin, dass der Glaube an die Wichtigkeit der analytischen Neutralität im klinischen Setting nicht mit der eigenen Neutralisierung verwechselt werden sollte, wenn man über die Natur der Welt, in der wir leben, nachdenkt.

2005 schrieb sie: »Wie sieht die Zukunft aus? Es sieht ziemlich düster aus, weil die globale Unterdrückung, die Massenmorde sowie totale ökonomische Ausbeutung einschließt, den Unterdrückten verzweifelten Terrorismus fast als einzige Waffe lässt. […] Dieses expandierende globale Imperium, wie all diese Dinge, muss durch die Kontrolle der Medien aufrechterhalten werden – und dies gründet notwendigerweise auf einer Reihe von Lügen. Von einem menschlichen (einschließlich psychoanalytischen) Blickwinkel aus, sind wir als Bürger angehalten, mit der nicht endenden Aufgabe zu ringen, Lügen aufzudecken und für den Erhalt gesunder menschlicher Werte zu kämpfen – das ist unsere einzige Hoffnung.« (2005 [2007], S. 44)

Aus dem Englischen von
Carl-Johannes Rumpeltes und Esther Horn

Literatur

Bion, W. R. (1962a): *Learning from Experience*. London: Tavistock, [Dt.: Ders. (1990): *Lernen aus Erfahrung*. Frankfurt a. M.: Suhrkamp.]

Federn, P. (1943): Psychoanalysis of Psychoses. *Psychiatric Quarterly*, 17(1): 3–19.

Freud, S. (1916): Vergänglichkeit. *GW X*, 357–361.

Freud, S. (1923): Das Ich und das Es. *GW XIII*, 234–289.

Isaacs, S. (1948): The Nature and Function of Phantasy. *Int J Psychoanal*, 29: 73–97. [Dt.: Ders. (2016): Wesen und Funktion der Phantasie. *Psyche – Z Psychoanal*, 70(6): 530–582.]

Klein, M. (1946 [1983]): Bemerkungen über einige schizoide Mechanismen. *GS Bd. III*. 1–43.

Mandelstam, N. (1971): *Hope Against Hope*. London: Collins.

Rilke, R. M. (1912/1922 [2006]): Duineser Elegien. In: *Die Gedichte*. Frankfurt a. M., Leipzig: Insel, 687–718.

Segal, H. (1950 [1992]): Some Aspects of the Analysis of a Schizophrenic. *Int J Psychoanal*, 31: 268–278. [Dt.: Dies.: Einige Aspekte der Analyse eines Schizophrenen. In: Dies.: *Wahnvorstellung und künstlerische Kreativität*. Stuttgart: Klett-Cotta, 133–157.]

Segal, H. (1952 [1992]): A Psycho-Analytical Approach to Aesthetics. *Int J Psychoanal,* 33: 196–207. [Dt.: Eine psychoanalytische Betrachtung der Ästhetik. In: Segal, H.: *Wahnvorstellung und künstlerische Kreativität.* Stuttgart: Klett-Cotta. 233–261.]

Segal, H. (1984): Joseph Conrad and the Midlife Crisis. In: Dies. (1997) *Psychoanalysis, Literature and War: Papers 1972–1995*. London, New York: Routledge, 123–133.

Segal, H. (1987 [1986]): Silence is the Real Crime. In: Dies. (1997) *Psychoanalysis, Literature and War: Papers 1972–1995*. London, New York: Routledge, 143–157. [Dt.: Dies.: Schweigen ist das eigentliche Verbrechen. In: *Jahrb Psychoanal*, 19: 194–210.]

Segal, H. (1994): Phantasy and Reality. In: Dies. (1997) *Psychoanalysis, Literature and War: Papers 1972–1995*. London, New York: Routledge, 27–41.

Segal, H. (1995): Hiroshima, the Gulf war, and after. In: A. Elliot & S. Frosch (Hrsg.): *Psychoanalysis in Contexts: Paths Between Theory and Modern Culture*. London: Routledge.

Segal, H. (2005 [2007]): Postscript 2005 zum 11. September 2001. In: Dies.: *Yesterday, Today and Tomorrow*. London, New York: Routledge.

Wollheim, R. (1969): The Mind and the Mind's Image of Itself. *Int J Psychoanal*, 50: 209–220.

Claudia Frank

Zur Erforschung der Bedingungen von Symbolisierungsprozessen in der Auseinandersetzung mit Kunstwerken am Beispiel einiger Stillebenvariationen Giorgio Morandis

Woher der Künstler »seine Stoffe nimmt« –
Hanna Segals Weiterführung einer der beiden
durch Freud aufgeworfenen Fragen

Hanna Segal eröffnete ihre berühmte Arbeit *Eine psychoanalytische Betrachtung der Ästhetik* mit folgendem Freud-Zitat: »Uns Laien hat es immer mächtig gereizt zu wissen, woher diese merkwürdige Persönlichkeit, der Dichter,[1] seine Stoffe nimmt, […] und wie er es zustande bringt, uns mit ihnen so zu ergreifen […].« (zit. n. Segal 1992 [1952], S. 233) Wie Segal später in der Einführung zu ihrem Buch *Traum, Phantasie und Kunst* mitteilt, hatte sie das Glück, zu Beginn ihrer praktischen Tätigkeit sowohl Künstler als auch Psychotiker unter ihren Patienten zu haben. Darüber sei ihre »Aufmerksamkeit auf die zentrale Bedeutung der Symbolisierung und ihrer Schicksale« (1996, S. 13) gelenkt worden, welche mit Hilfe des psychoanalytischen Instruments in einzigartiger Weise erforscht werden könnten. Und tatsächlich erbrachten Segals klinische Erforschungen wegweisende Beschreibungen von Stadien der Symbolisierung – der symbolischen Gleichsetzung, wie sie in der paranoid-schizoiden Position vorherrscht, und der eigentlichen Symbolbildung, im Sinne von Trauerprozessen und Wiedergutmachungsbestrebungen als Teil der depressiven

---

[1] Wir können hier meines Erachtens für unsere Zwecke den »Dichter« auch durch »Künstler« ersetzen.

Position. Das Durcharbeiten der depressiven Position, so ihre Erfahrung, war dabei für die künstlerische Produktion ausschlaggebend.

Bezüglich der beiden Fragen, die Sigmund Freud 1908 aufgeworfen hatte – nach den Bedingungen des kreativen Prozesses im Künstler einerseits, und den Mitteln, mit Hilfe derer wir als Rezipienten von Kunstwerken eine emotional bedeutsame Erfahrung machen können –, befasste sich Segal also insbesondere mit der ersten und folgte dabei einer Spur, die Melanie Klein aufgrund einer Beschreibung der Entstehung eines Bildes von Ruth Kjaer durch Karin Michaelis 1929 gelegt hatte. Die Schilderung, wie Kjaer sich durch den »leeren Fleck« an der Wand beeinträchtigt fühlte, diesem malend begegnen musste, erinnerte Klein an ihre kinderanalytischen Erfahrungen, bei denen sie in verschiedenster Weise beobachtete, wie ihre kleinen Patienten den Impuls zeigten, Beschädigtes wieder heil zu machen. Klein hatte daraus das Konzept der Wiedergutmachung entwickelt (vgl. Frank 2012), das einen wesentlichen Bestandteil der in den 1930er Jahren beschriebenen depressiven Position ausmachen sollte. Die Unfähigkeit zur Durcharbeitung der depressiven Ängste erwies sich nun in Segals Analysen von Künstlern als ausschlaggebend für die Hemmung der Kreativität oder »der Herstellung eines erfolglosen künstlerischen Produkts« (1992 [1952], S. 240).

Bestätigt sah sich Segal durch Äußerungen von Künstlern, welche die Prozesse bei sich genau beobachteten und in Worte fassten. In erster Linie dient ihr Marcel Proust als Kronzeuge, der schmerzlich genau beschreibt, wie all seine verlorenen, zerstörten und geliebten Objekte über die Schaffung eines Kunstwerks wieder zum Leben erweckt werden (ebd., S. 238f.). Am Beispiel der Tragödie verdeutlicht Segal die zwei unerlässlichen Faktoren für ein großes Kunstwerk: die unerschrockene Schilderung des ganzen Entsetzens der depressiven Phantasie einerseits, Ganzheit und Harmonie andererseits, welche durch die Formelemente hergestellt werden (S. 251). Indem der Künstler seine depressiven Phantasien und Ängste im ganzen Ausmaß anerkenne und ausdrücke, vollende er eine »ähnliche Arbeit wie die Trauerarbeit, wobei er innerlich eine harmonische Welt neu erschafft, die in sein Kunstwerk projiziert wird« (ebd.). Später wird sie genauer ausführen, wie es dazu einer genauen Kenntnis der – inneren und auch äußeren (zum Beispiel des Materials) – Realität bedarf (u. a. 1992

[1974], S. 268ff.; 1996. S. 128f.). Über die Analyse von Künstlern ergab sich also ein aufschlussreicher Einblick in den Bereich, aus dem der Künstler »seine Stoffe nimmt«.

Wie werden wir aber als Rezipient von ihnen »ergriffen«? Welche Funktion hat Kunst für den Betrachter? Was macht Kunst mit uns? Weshalb suchen wir sie – oder meiden wir sie ggf. auch? Damit sind wir bei Freuds zweiter Fragestellung. Er selbst wies in seiner Studie zum Moses des Michelangelo einen fruchtbaren Weg.[2] Freud untersuchte nämlich, was genau ihn an diesem Meisterwerk so mächtig packte, und legte präzise dar, wie bestimmte Formelemente (von Bart, Händen und Tafeln) – er ließ zur Veranschaulichung extra Zeichnungen anfertigen – das »Niederringen der eigenen Leidenschaft zugunsten und im Auftrage einer Bestimmung, der man sich geweiht hat« (1914b, S. 198), vermitteln. Freud geht davon aus, beim Betrachter würde wieder »die Affektlage, die psychische Konstellation, welche beim Künstler die Triebkraft zur Schöpfung abgab« (ebd., S. 178), hervorgerufen. In dem Ringen mit dem Zerstörungsimpuls erkennen wir auch hier die damals noch nicht beschriebene depressive Position wieder. Und Hanna Segal schließt sich Freuds Sicht an: jeder ästhetische Genuss enthalte »das unbewusste Wiedererleben der Schöpfungserfahrung des Künstlers« (1992 [1952], S. 250). Wir identifizierten uns »mit dem Kunstwerk als Ganzem und mit der gesamten inneren Welt des Künstlers, wie sie durch sein Werk repräsentiert« werde (ebd.).

Im Gegensatz zu Freud sucht man die eingehende Auseinandersetzung mit einem Werk eines bildenden Künstlers im veröffentlichten Werk Segals vergebens. Soweit ich es überblicke, stellt Picassos *Guernica* das einzige Bild dar, auf das sie – auch eher kursorisch – eingeht (1996, S. 109 und 122f.), ansonsten nimmt sie ggf. sehr pauschal auf Werke Goyas, Klees etc. Bezug. Sie selbst erwähnt auch, wie viel einfacher die Muster zur Überwindung der Depression in der Literatur mit ihren expliziten verbalen Inhalten zu entdecken seien (1992 [1952], S. 254) – dementsprechend liegen dazu ausführliche Darlegungen von ihr vor (vgl. u. a. ihre Arbeit zu *The Spire* von W. Golding). Allerdings beschäftigte sie sich auch hier

---

[2] In diesem Kontext verzichte ich auf die Kritik von Freuds früherer Konzeptualisierung des Kunstschaffens.

nicht eingehender mit der Rezeption der Werke. Viele ihrer Überlegungen lassen sich dafür aber fruchtbar machen. Tatsächlich sind die Worte in der analytischen Situation nur ein Kommunikationsmittel – viele averbale Momente sind oft entscheidend, deren mögliche Bedeutung wir mit Hilfe der Manifestationen unserer Gegenübertragung erfassen können. Die mit uns ggf. aktualisierte unbewusste Phantasie wird so zugänglich, wie Segal immer wieder beschrieb. Wenn Segal, wie oben zitiert, davon spricht, der Künstler projiziere eine neu erschaffene Welt in das Kunstwerk, dann können wir präzisieren, dass wohl über vielfältige Prozesse von projektiven Identifizierungen ein Kunstwerk zustande kommt, welche in anderer Weise wiederum bei der Rezeption eine Rolle spielen. Mit der Reflexion unseres Erlebens von Kunstwerken haben wir eine Methode zur Untersuchung der Frage zur Hand, was uns an einem Kunstwerk so ergreift. Oder anders formuliert: Über die Auseinandersetzung mit signifikanten Formen, welcher der Künstler gefunden hat, können wir mögliche Bedingungen von Symbolisierungsprozessen vertiefend untersuchen.

Der Zugang über die Rezeption enthebt uns auch der Auseinandersetzung mit einer kürzlich von A. Abella (2011) vorgebrachten Kritik an Segals Theoriebildung, welche durch die zeitgenössische Kunst infrage gestellt würde. Meines Erachtens stimmt es zwar, dass Segal manche Künstler nicht als solche betrachtete – als ich sie einmal nach ihrer Sicht von A. Giacomettis Werk fragte, das für mich ein Beispiel par excellence für das Ringen um die Anerkennung des Todestriebs in seinen aggressiven und selbstzerstörerischen Aspekten und dessen Überwindung darstellt (vgl. Frank 2002) und vermittelt, was Segal für die Quintessenz eines guten Kunstwerks hält (vgl. 1992 [1952], S. 256f.), winkte sie müde ab. Rodins Skulpturen stellten für sie Kunst dar, nicht aber Giacomettis Plastiken. Aber ihre individuelle Einschätzung in manchen Fällen sagt meines Erachtens nichts darüber aus, wie zutreffend ihre Theoriebildung andere künstlerische Prozesse trifft. Problematisch an Abellas Argumentation ist meines Erachtens, dass sie sich auf die expressis verbis geäußerten Intentionen von Künstlern wie Duchamp und Cage stützt. Diese sind als solche natürlich interessant – aber ob und wenn ja wie sich dem Rezipienten davon etwas in der Begegnung mit dem Werk vermittelt, steht auf einem anderen Blatt. Duchamp mag »freies Denken und die Entdeckung neuer

Wahrheiten« ermöglichen wollen (zit. n. Abella 2011, S. 257), allein ob das auch eintritt, entscheidet nicht der bewusst geäußerte diesbezügliche Wunsch des Künstlers.

Segal selbst erweiterte in einem Postskriptum von 1980 ihre Theorie, auch wenn sie unverändert den Kern der ästhetischen Erfahrung in der Identifizierung mit dem Prozess der Lösung der zentralen depressiven Situation sah. Nun schrieb sie aber auch den aus der paranoid-schizoiden Position resultierenden Idealisierungsprozessen eine Rolle zu (1992 [1952], S. 257). Bezüglich bildender Kunst können darüberhinaus meines Erachtens auch die Erkenntnisse, die sie in dem Aufsatz »Vision« mitteilte, herangezogen werden: dass die Augen nicht nur zur Wahrnehmung, sondern gewissermaßen auch umgekehrt via projektiver Identifizierung zur omnipotenten Zerstörung der äußeren Wirklichkeit benutzt werden können, indem eine »hallucinatory world of madness« geschaffen werde (2007, S. 68). Wenn diese Art projektiver Identifizierungen ein wesentliches Element bei der Hervorbringung künstlerischer Werke sind, dann können wohl auch mehr oder weniger exzessive omnipotente Momente bestimmend werden, d. h. ggf. eine Ausstoßung destruktiver Beziehungsaspekte.

Segal ging von Erfahrungen mit Kunst aus, die wohltun – was durchaus mit (psychischer) Arbeit auf Seiten des Rezipienten verbunden ist. Dass der allgemeine Kunstbegriff ein weiterer ist, ist unbestritten. Mich als Psychoanalytikerin interessiert, was wir von Künstlern über die für unsere Arbeit zentralen Symbolisierungsprozesse[3] lernen können. Die Stillleben Giorgio Morandis schienen mir – zunächst intuitiv – hierfür besonders relevant. Sie haben – so meine These – diesen Prozess bzw. seine Grundlegung selbst zum Gegenstand. Ich möchte sondieren, welchen möglichen Aufschluss die Untersuchung der Rezeption eines ausgewählten Werkes bringen kann. Auf dem Hintergrund, dass mich die Übergänge im Symbolisierungsprozess besonders interessieren (vgl. Frank 2015), wählte ich ein Beispiel, zu dem eine kleine Serie vorliegt, um die Bedeutung von Variationen wenigstens anzudeuten. Ein kleiner Exkurs soll darüber hinaus andeuten, welche Werke zu einer weiteren Vertiefung der Fragestellung beitragen könnten.

---

[3] Es bedürfte einer weiteren Arbeit, um die Bedeutung von Prozessen der Desymbolisierung in der zeitgenössischen Kunst zu untersuchen.

Abb. 1: **Natura morta 1949, Vitali 670**
(als ein Teil der kleinen Serie Vitali 668–670, die »im groben« identisch sind und doch bedeutsame Variationen aufweisen).
© VG Bild-Kunst, Bonn 2017

Meine Wahl fiel auf das Gemälde einer Stillebenvariation von 1949, in welcher erstmals die Teekanne als Objekt auftaucht. Ich werde darauf später zurückkommen. Was sehen wir? Wir blicken auf vier dicht zusammengerückte Gegenstände im Zentrum eines runden – oder vielleicht auch ovalen? – Tisches, der etwa das untere Drittel der 36 x 50 cm großen Leinwand einnimmt; darüber, also ca. ⅔ des Raumes beanspruchend, einen helleren Hintergrund. Mit dem Wort Hintergrund habe ich mich fürs erste sozusagen gerettet, denn als solchen kann man die helle, nach oben etwas dunkler werdende Fläche auf jeden Fall bezeichnen. Aber was stellt das vorwiegend von einem hellen Grau bestimmte Stück Leinwand dar, das mit Ockerbrauntönen durchsetzt ist und wenige, sehr feine dunklere, braune Spuren aufweist? Eine Wand oder – wenn wir den durch die Weißbeimischung bewirkten lichtdurchfluteten Eindruck ernst nehmen – vielleicht auch einen weiten, sozusagen unbegrenzten Raum?

Sie merken: Schon beim Versuch einer zusammenfassenden Bildbeschreibung gerate ich ins Stocken. Ich bin erst einmal an dem für mich changierenden Eindruck des Hintergrunds hängen geblieben. Und tatsächlich: mein Erleben des Gesamtbildes ist von einem ständigen Changieren bestimmt. Einmal betrachte ich es ruhig, gelassen, fühle mich relativ unbeteiligt, sozusagen von fern auf diese Zusammenballung der verschiedenen Gestalten »da unten« blickend (wozu der erhöhte Betrachterstandpunkt beiträgt). Dann wiederum finde ich mich – mit einer gewissen unwilligen, anfänglichen Reserve – verwickelt in Fragen, was es mit dieser heterogenen Gruppe auf sich hat. Wirkt sie nicht wie eine Notgemeinschaft, angespannt verharrend angesichts einer diffusen, nicht greifbaren Bedrohung? Aber was sage ich da? Sobald ich mein Empfinden in Worte zu fassen suche, schrecke ich angesichts des Ergebnisses zurück. Sehe ich Gespenster? Da sind vier Gefäße aus einer Küche versammelt – nicht etwa chaotisch, sondern eher »in Reih und Glied«, und ich spreche von Notgemeinschaft und Bedrohung? An dieser Stelle gilt es, meine beiden changierenden Eindrücke erst einmal als solche stehen zu lassen und mich der Untersuchung im Einzelnen zuzuwenden.

Also zurück zur Bildbetrachtung. Wenden wir uns wieder dem Vordergrund zu. Beim Überlegen, wie ich das im Vergleich zum Hintergrund in dunklerem Grau gehaltene langgezogene Oval, das ebenfalls von einem Braunocker durchwirkt ist und an beiden Seiten, wenn auch nicht symmetrisch, vom Bildrand abgeschnitten wird, am zutreffendsten bezeichnen soll, bemerke ich, wie auch hier mein Eindruck changiert: Ich hatte es eingangs umstandslos als Tisch, präziser wäre natürlich: Tischplatte, bezeichnet und darum kann es sich natürlich auch handeln. Genau genommen sehen wir aber lediglich zwei Anschnitte der gedeckt-gelben Seitenansicht einer Platte – links unten ein etwas spitzwinkligeres Dreieck als rechts. Genauso gut – so erscheint es mir – können wir sie deshalb als Platte sehen, die örtlich nicht zu verankern ist, im Raum zu schweben scheint. Wenn man so will: ein subtil surreales Szenario. Jetzt zucke ich wieder etwas zusammen: Ist eine Formulierung wie die eines »surrealen Szenarios« nicht völlig überdimensioniert, fehl am Platz? Ich registriere, wie schwer es mir fällt, mich daran nicht »ewig« aufzuhalten und mich tendenziell zu verlieren. Schließlich gelingt es, auch das erst einmal so stehen zu lassen und mich dem »Eigentlichen«, den auf der Platte versammelten Objekten, zu widmen.

Um überhaupt einmal alle Objekte vorstellen zu können, nehme ich bei dieser ersten Runde Ungenauigkeiten in Kauf: In der vorderen Reihe stehen – fast – in einer Linie von links nach rechts eine rechteckige, fast würfelförmige Dose, die in ihrer Vorderseite die Farben der Platte, etwas aufgehellt, aufnimmt, daneben die weiße Teekanne, deren Bauch oben und unten von einem schmalen blauen Band begrenzt wird. Rechts von ihr schließlich eine runde, dumpf gelb-orangene Dose, und dahinter, von ihr und dem rechten Drittel der Teekanne teilweise verdeckt, eine leicht geneigte Kupferkasserolle, die mit dem größten Teil ihres Volumens – auslaufend in dem verkürzten Griff – in den Hintergrund hineinragt. Die Sonderstellung der Kasserolle ist damit schon gekennzeichnet. Diejenige der Teekanne beeile ich mich nachzutragen: Die beiden Dosen sind ihr eindeutig unter- oder beigeordnet, rahmen sie quasi ein. Sie bildet – kann man sagen: majestätisch? – das Zentrum, überragt die beiden Seitenelemente und scheint doch ihrer selbst wie nicht ganz gewiss oder vielleicht genauer: schutzbedürftig. Das Ensemble wird also von zwei Protagonisten dominiert: von der leicht aus der Mitte nach rechts gerückten Teekanne in der ersten Reihe und der schräg hinter ihr befindlichen Kasserolle. Von diesem Element in hinterster Front, so meine Assoziation, geht für mich – je länger ich mich mit dem Bild befasse desto mehr – eine latent aggressiv getönte Energie aus. Anfänglich konnte ich mein Empfinden einer Irritation, Beunruhigung noch nicht so spezifizieren. Ich fragte mich unwillkürlich, wie die Kasserolle in dieser Stellung denn eigentlich stabil stehen (bzw. liegen) könne. Wie gelingt es ihr, diese Lage beizubehalten? Wodurch wird sie gestützt? Und selbst wenn man sich den Hintergrund als Wand vorstellt, sie dort ihren Gegenhalt findet, wirkt es labil, so als könnte sie jeder Zeit nach rechts oder links abkippen. Mit der Zeit empfand ich dann aber mehr, dass sie quasi in den Hintergrund hineinsticht – auch wenn es sich dabei eher um einen stumpfen Stich zu handeln scheint. Meine Phantasie ging so weit, dass ich dachte, sie könnte sich jederzeit noch ein Stück erheben, um ggf. der Teekanne »eine zu verpassen«.

Diese Seherfahrung wird dann aber immer wieder abgelöst von einer, die durch andere Elemente bestimmt wird. Nun sehe ich, wie die Kasserolle über die farbliche Komposition auch gehalten und eingebunden wird: Ihr heller beigegrauer (runder) Boden findet einen Widerpart in dem etwas dunkleren und graueren Beinahe-Quadrat der linken Dosenvorderfläche, die wiederum farblich der Plattenoberfläche sehr nah ist. Dann zieht mich mit der Zeit die Kasserolle mit ihrer leichten Diagonale nach hinten (und rechts oben) wieder in Bann. In ihrem Sog verkannte – und verkenne ich immer wieder – die Sicht, die wir auf die Teekanne haben. Ich vermeinte sie sozusagen von hinten zu sehen, da ich die unregelmäßig durch leichte hellgraue senkrechte Striche abgegrenzte, nach oben das blaue Kantenband überschneidende weiße Vertikale in der Mitte ihres Bauches als Aufsicht auf den Henkel deutete. Beim genaueren Blick realisiere ich jeweils, dass es sich um den Schnabel der Kanne handeln muss – deren Öffnung oben wiederum durch einen blauen Strich markiert ist. So macht die Komposition auch Sinn – die Spannung zwischen den beiden Protagonisten mit dem nach vorne ragenden Schnabel einerseits, der nach schräg hinten ragenden Kasserolle, gipfelnd im Griff andererseits, welche nochmals ein Gegengewicht durch die Signatur Morandis rechts vorne, sozusagen auf der Vorderfläche der Tischkante, erhält. Trotzdem – wenn ich das Bild nach einer Weile wieder betrachte – passiert mir oft die gleiche Fehlleistung.

Und natürlich gibt auch die Teekanne in sich Anlass, sich mit fraglichen Ungereimtheiten auseinanderzusetzen. Sehen wir mit dem Blau im oberen weißen Kreis ins Innere der Kanne? Ist sie also ohne Deckel dargestellt, oder ist er gewissermaßen oben in der Öffnung versenkt? Sie ist, wie alle Elemente, in ihren Konturen »atmend« gemalt, es finden sich also keine scharfen, harten, schnurgerade Begrenzungen. Darüberhinaus scheint sie aber in Teilen in ganz besonders nahen Kontakt zu den weniger als Gefäße, denn als geometrische Grundformen imponierenden Begleitern zu stehen. Mit dem linken, etwas zurückstehenden über den senkrechten braunen Strich zwischen ihren beiden Körpern, der perspektivisch »nicht aufgeht« (wir können nicht beide Seitenflächen eines Würfels gleichzeitig sehen) – so als dehne sich das Grundelement zu ihr hin aus, was vielleicht noch deutlicher in den kürzeren und dickeren, leicht aus der Horizontalen nach oben und unten abweichenden, keiner Form angehörenden Pinselstrichen darüber zum Ausdruck kommt. Und nach rechts hin dellt sich quasi die seitliche Kontur des Teekannenkörpers in der Mitte zum gelb-orangenen

Zylinder hin aus. Ob das kühle, reinste Grau oben den Deckel oder ev. die Innenauskleidung wiedergibt, ist ein weiteres Mal uneindeutig.

Ich breche hier die Beschreibung meiner Seherfahrungen mit diesem Bild ab – nicht weil ich sie erschöpfend geleistet habe. Ich könnte u. a. unschwer mit der Qualität der die Teekanne flankierenden Komponenten fortfahren bzw. auch dabei »hängenbleiben«. Aber es dürfte sich ein Eindruck von der Art Dialog, der sich zwischen dem Bild und mir entsponnen hat, vermittelt haben: Was und wie ich äußerlich und innerlich wahrgenommen habe, was ich jeweils konkret sah, was in mir dadurch evoziert wurde, wie die erneute Hinwendung und möglichst genaue Beobachtung der Beschaffenheit meines Gegenübers erfolgte etc. In bestimmten Momenten imponierte mir dabei der Raum als quasi unendlich, unbegrenzt – manche Kritiker beschrieben das als Leere (z. B. Sterling, zit. n. Fergonzi 2004, S. 112). Demgegenüber wirkten die Gegenstände klein – so etwas wie ein Eindruck von Ereignislosigkeit herrschte zu Zeiten vor. In einer nächsten Bewegung zogen aber die Gegenstände den Blick auf sich und ein kleiner Beziehungskosmos eröffnete sich. Labiles Gleichgewicht, aggressive Spannung, gar Bedrohung waren Stichworte, aber auch Nähe, Stütze, Schutz. Einer Sogwirkung in Richtung Auflösung wirkte dann wieder die Wahrnehmung der farblichen Verstrebungen relativierend (»entschärfend«) entgegen.

Sollte ich mein Gesamterleben zusammenfassen, so kommt es wohl am prägnantesten in meiner (sich wiederholenden) Fehlleistung auf den Punkt: dem – objektiv falschen – Eindruck, die Teekanne sei von mir/dem Betrachter abgewandt dargestellt, womit das Ensemble insgesamt etwas verschlossen wirkt. Wenn ich aber nochmals genauer schaue und sie als mir zugewandt sehe, dann erfreue ich mich an dem dadurch geöffneten (triangulären) Beziehungsraum. Aber er kollabiert quasi immer wieder.

Lässt sich diese Dynamik auf einen Begriff bringen? »Anwesende Abwesenheit« kam mir bei diesem – wie dann auch bei den weiteren der von mir für diese Untersuchung ausgewählten Werke – immer wieder in den Sinn. Er scheint mir etwas Essentielles von dem Paradox aufzunehmen, mit dem wir es in der Auseinandersetzung mit diesem Bild dauernd zu tun haben: Einerseits die Gegenständlichkeit, Figürlichkeit – wir sprechen ganz selbstverständlich von Teekanne, Kasserolle etc. –, die in dem Bild unverkennbar und nicht wegzudenken ist, andererseits ist es zugleich auch völlig offensichtlich, dass es weder um eine Teekanne noch eine Stielpfanne geht, sondern das Formgefüge der Fläche, die räumliche und farbliche Komposition das ist, womit wir es zu tun haben. Das Changieren der Raumperspektive ist ein weiteres konstitutives Element.

Meine Vorstellung ist nun, dass es quasi ein ganzes Universum von »anwesender Abwesenheit« gibt, das aus vielen Schattierungen von – wenn ich das in einer ersten Annäherung so abstrakt formulieren darf – qualitativ und quantitativ unterschiedlich zusammengesetzten Fügungen besteht. Über sie kommen bzw. sind wir in Kontakt mit Erfahrungsschichten, die jenseits der Sprache angesiedelt sind – mit jenen »kaum zugänglichen« seelischen (oder protoseelischen) Vorgängen, um deren Erkundung es uns zu tun ist. Morandi sucht Teile dieses Universums – so meine Hypothese – zu erfassen: Was es jeweils im Gegenüber ist, was mehr oder weniger Resonanz sowie mehr oder weniger Freiraum ermöglicht und damit potentiell zu integrativen Bewegungen beitragen kann.

Bevor wir mit unserer Untersuchung fortfahren, trete ich jetzt nochmals einen Schritt zurück, um Ihnen meine Wahl Morandis zu begründen.

Warum *Natura morta 1949, Vitali 670*? Warum überhaupt Morandi?

Ein Zufall. Und auch wieder nicht (nur). Aus Anlass des 100. Geburtstags Giorgio Morandis am 20. Juli 1990 wurde eine Ausstellungsfolge in verschiedenen europäischen Städten organisiert, in deren Rahmen Gemälde, Aquarelle, Zeichnungen und Radierungen 1989 in der Kunsthalle Tübingen zu Gast waren. Mir war der Name bis dato kein Begriff gewesen, aber bereits beim ersten Besuch dieser Ausstellung war ich wie gebannt, v. a. von einzelnen seiner Stillleben. Ich war zu jener Zeit Mitarbeiterin der Abteilung für Psychoanalyse, Psychotherapie und Psychosomatik der Universität Tübingen. Heinz Henseler, der Lehrstuhlinhaber, war von der Lokalzeitung angefragt worden, ob nicht er – oder einer seiner Mitarbeiter – dieses Werk aus psychoanalytischer Sicht besprechen könnten/wollten. Er hatte es in der Konferenz erwähnt, aber nicht weiter verfolgt. Ich fand es eine reizvolle Idee, die aber weder mit meiner Arbeitsweise noch mit meinem Tempo zu vereinbaren war, und deshalb überhaupt nicht ernsthaft erwogen wurde. Zwar hatte sich bei meiner ersten Begegnung der Gedanke eingestellt, Morandis Gefäßbilder beschäftigen sich mit dem, was wir Psychoanalytiker Containment nennen. Aber diesem Einfall folgten ebenso rasch viele Formen der In-Frage-Stellung (zu banal u. ä.) und die Überzeugung, es gebe Berufenere und vor allem Kompetentere.

Kurz zur Person: Giorgio Morandi lebte und arbeitete von 1890 bis 1964 in Bologna. Sein Hauptwerk besteht aus vielen hundert Gemälden (und einige Aquarellen, Radierungen und Zeichnungen), die alle mit dem Titel *Natura morta* versehen wurden. Diese Stillleben zeigen Gefäße, Flaschen, Krüge, Kannen, Vasen, Becher, Dosen u. ä. Viele dieser Objekte finden sich über die Jahre und Jahrzehnte immer wieder, gelegentlich kommen neue hinzu, andere verschwinden. Daneben gibt es im Wesentlichen noch zwei Themen, denen er sich ebenfalls sein Leben lang widmete: *Fiori* und *Paesaggio* (Blumen und Landschaft); darüber hinaus nur wenige Selbstportraits und Portraits seiner Schwestern.

Die Person Morandi kommt meinem Interesse primär am Werk, an dem was die Bilder vermitteln, gewissermaßen entgegen. Im Gegensatz zu vielen Künstlern des letzten Jahrhunderts – man denke nur an Klee, Kandinsky –, die zu ihrer Kunst zum Teil umfangreiche Theorien entwickelt und publiziert haben, gibt es von Morandi direkt fast nichts: eine spärliche autobiographische Notiz von 1928 (auf Aufforderung) und zwei Interviews aus den 1950er Jahren: das eine ist – Morandis Persönlichkeit respektierend – sehr kurz gehalten; das andere wird dominiert vom Interviewer Edouard Roditi, und Morandi ist es vor allem darum zu tun, sich mit knappen Worten von dessen Theorien und Vergleichen abzugrenzen. Er betont in letzterem, er habe das Glück gehabt, »ein ganz ereignisloses Leben zu führen«. Nur selten habe er seine Geburtsstadt Bologna und die Provinz Emilia verlassen.

Zurück zu meiner Geschichte mit Morandi, die mit meiner Faszination 1989 begann, ohne damals einen schriftlichen Niederschlag zu finden. Dessen ungeachtet begleiteten mich einzelne seiner Sillleben fortan und das damalige – auf das eigentliche Bild zusammengeschnittene – Ausstellungsplakat hing viele Jahre über der Couch in meinem Behandlungszimmer. Über die Jahre nahm ich Gelegenheiten wahr, in verschiedenen

Museen und Ausstellungen weitere Bilder und Zeichnungen kennenzulernen bzw. wiederzusehen. Immer wieder tauchte dabei in der einen oder anderen Form der Gedanke auf, es mit der Darstellung eines mehr oder minder gelungenen Containments zu tun zu haben. Schließlich hatte ich das Gefühl, so viele einschlägige Erfahrungen mit den Bildern gemacht zu haben, dass ich versuchen könnte, meinem Einfall systematischer nachzugehen. Ich kam dabei zu dem Ergebnis, Morandi lote in seinen Bildern aus, welche begriffsfernen Qualitäten es braucht, um Totes/Zerstörtes/Taubes in einer Beziehung soweit durcharbeiten zu können, dass es wieder Teil eines lebendigen Prozesses wird (vgl. Frank 2006). Um das anschaulich zu machen, griff ich (u. a.) vier beispielhafte Bilder heraus.

In der Folgezeit nagte es an mir, zwar etwas mir wesentlich Erscheinendes beschrieben zu haben und ihm doch nicht hinreichend gerecht geworden zu sein. Es machte mir zu schaffen, Morandis Stillleben vor allem in zweierlei Hinsicht etwas schuldig geblieben zu sein – ich hatte kein einzelnes Bild in extenso ausgeleuchtet, was mir nun unabdingbar schien; zugleich hatte ich den Eindruck, der subtilen Vielfalt der Stillebenvariationen nicht genügend Rechnung getragen zu haben. Ich machte verschiedene Anläufe, die dann immer wieder liegen bleiben. Ich notierte mir schließlich meist auch in Stichworten, wenn sich aus meinen Erfahrungen ein möglicher Verstehensansatz abzeichnete. Nach einer Weile fiel mir auf, dass ich beim jeweils nächsten Mal wieder wie von vorne anfing, mich so fühlte, als hätte ich noch nie über das nachgedacht, was ich da sah. Ich machte mich dann wieder auf den Weg, suchte tastend nach dem, was es war, was mich dieses Mal ergriff. Ich fühlte mich zwar in Ansätzen frustriert, tröstete mich aber mit meinem Wissen, dass Erkenntnisprozesse viel Zeit brauchen, man oft in die Irre gehen kann bzw. sich vielfach annähern muss, um schließlich aufgrund wiederholter Erfahrungen eine gewisse Überzeugung ob ihres substantiellen (und nicht nur akzidentellen) Charakters zu erlangen.

Wenn ich die notierten Stichworte verglich, deckten sie ein ganzes Spektrum mehr oder weniger differenzierter Annäherungen mit immer wieder auch neuen Elementen ab, sie kreisten alle um Ähnliches und unterschieden sich nicht grundlegend. So weit so gut. Es setzte sich aber – wie mir schien: endlos – fort. Ich erarbeitete mir immer aufs Neue, was ich in gewisser Weise doch schon einmal »gewusst« hatte; jedes Mal brachten Zweifel die vorläufigen Versuche wieder zum Erliegen; die unendliche Fülle möglicher Ausgangspunkte stellte ein unerschöpfliches Reservoir für diese inneren Angriffe dar.

Irgendwann erlaubte ich mir den Gedanken, es könnte *auch* mit dem Werk, dem ich gerecht zu werden suchte, zu tun haben. Mir fiel ein, dass verschiedene Autoren Morandis Klagen, immer wieder neu beginnen zu müssen, überliefern. So zitiert beispielsweise Janet Abramowicz aus einem Brief an sie:

> I too am not getting enough done, and what I do always seems to require so much time and effort. For the past few days, I don't think I've done anything worthwhile. Believe me, to feel this way at my age is quite sad, since each time we begin, we always think we've understood, that we have all the answers, but we're starting over again from the beginning. (2004, S. 231)

Oder es heißt in einem Brief an Ragghianti vom 2. August 1954:

> I am always at work and work is my sole passion. And unfortunately I've become aware that I must always start from the beginning, and ought to burn what I've done in the past. (zit. n. Bandera 2008, S. 42)

Mir hatte sich also etwas von einer (unendlichen) Suche vermittelt, einer Suche, die immer nur für einen gewissen Zeitraum zum Abschluss gekommen zu sein scheint. Für einen Moment gab es eine »Antwort«, konnte, sollte und musste er ihm Wesentliches festhalten wollen, ohne es festnageln zu können (oder zu wollen). Bald galt es, sich wieder erneut an die Arbeit zu machen. Er betonte dabei: »I am constantly working from life« (zit. n. Fergonzi, S. 49) – wieder eine dieser (scheinbar) paradoxen Formulierungen, wenn man an *Natura morta* denkt, die Gefäße, Flaschen, Dosen etc. zeigen. Tatsächlich war er wohl in ständiger »lebendiger« Auseinandersetzung sowohl mit den jeweils ausgewählten Objekten und deren im Moment »stimmigem«/»richtigem« Arrangement als auch mit dem dann entstandenen Gemälde, das er ggf. erst nach Wochen für »fertig« erklärte (auch wenn er während dieser Zeit daran konkret nichts mehr änderte).

In meiner Beschäftigung war ich immer wieder zu einem der vier Bilder zurückgekehrt, die ich für meine erste Untersuchung herangezogen hatte, *Natura morta 1963 (Vitali 1318):* das Bild mit der Teekanne, die ich in Spannung mit der nicht sicher definierbaren braunen Dose erlebe, während zugleich durch die Blockkonfiguration und den lichtdurchfluteten ockerfarbenen Hintergrund sich eine gelassene und hoffnungsvolle Ruhe vermittelt. Nun kam ich auf die Idee, dem »Schicksal« dieser Teekanne, einem besonderen Objekt,[4] im Werke Morandis nachzugehen. Zum ersten Mal taucht sie 1949 auf – und mit der Hypothese, dass bei einer ersten Repräsentation – vielleicht wie in der Anfangsszene einer Behandlung, dem Initialtraum u. ä. – etwas verdichtet zur Darstellung kommen könnte, wählte ich dieses Bild zum Ausgangspunkt meiner jetzigen Erkundung.

Genau genommen habe ich allerdings mit dem dritten und letzten Gemälde aus dieser Serie von 1949 begonnen, da ich nur dieses im Original aufsuchen konnte; außerdem habe ich nur von ihm farbige Abbildungen ausfindig machen können. Ein Vergleich mit den beiden vorangegangenen Fassungen ist also nur eingeschränkt möglich.

Meine Untersuchung von *Natura morta 1949 (Vitali 1970)* hatte mich zum Begriff »anwesende Abwesenheit« geführt. Nach meiner Hypothese sucht Morandi zu ergründen, welche Konstellation im Gegenüber, welche Färbung und Struktur, einen selbst in einer bestimmten Verfassung auf Reso-

---

[4] Flavio Fergonzi schreibt dazu im Wuppertaler Katalog (2004): 1962 kehrt ein Gegenstand in die Gemälde Giorgio Morandis zurück, der bereits 1949 und in der Folge noch einmal 1951 sowie 1957 einen flüchtigen Auftritt gehabt habe. »Es handelt sich dabei um eine kostbare neoklassische Teekanne aus dem Service, das Napoleon I. einst dem Grafen Pepoli von Bologna geschenkt hatte und das Morandi dann später von Graf Carlino Pepoli, seinem Jugendfreund, wiederum als Geschenk erhalten sollte. Diese Teekanne ist mit Abstand das wertvollste Objekt, das Morandi jemals gemalt hat, und ich glaube, dass es der Maler bis zu diesem Zeitpunkt gerade aufgrund seiner Kostbarkeit und seiner ausgesuchten Eleganz so selten in seine Stilleben-Arrangements integriert hat. Tatsächlich fühlte sich Morandi angesichts solcher Gegenstände von großem Wert stets beklommen; es machte ihm Mühe, sich ihnen in gefühlsmäßiger und formaler Hinsicht so zu nähern, wie es bei den ihm vertrauten, liebgewonnenen Objekten gelang.« (S. 158) Und weiter unten: »Ihre zum Quadrat tendierende Form verweist präzise auf die analogen Formate der Leinwände; darüber hinaus verleiht ihre weiße, reflektierende Oberfläche dem Stillleben eine phantasmagorische, irreale Helligkeit.«

Abb. 2: Variationen von »anwesender Abwesenheit« –
Natura morta 1949, Vitali 668
© VG Bild-Kunst, Bonn 2017

Abb. 3: Variationen von »anwesender Abwesenheit« –
Natura morta 1949, Vitali 669.
© VG Bild-Kunst, Bonn 2017

nanz stoßen lässt, die einerseits einen Widerpart bietet und zugleich Chancen auf Entwicklungsräume darstellt. Ein konkretes komplexes Gegenüber, das präsent ist, dabei nicht festlegt, sondern (Assoziations-)Räume öffnet, indem es konkret zugleich abwesend ist. In *Vitali 670* wäre das vielleicht die Anwesenheit zweier ausgeprägter, in sich sehr unterschiedlicher Charaktere/Individuen – die neoklassische Teekanne als schönes, besonderes, aber ggf. auch zerbrechliches, die Kupferkasserolle als herausstechendes, auch strapazierfähigeres Gebrauchsobjekt – neben unspezifischeren und zugleich basaleren Elementen.[5]

Werfen wir einen Blick auf das erste Gemälde der Serie (*Vitali 668*; s. Abb. 2), das ich leider nur von einer Schwarzweißabbildung kenne. Es ist trotzdem verblüffend, wie unterschiedlich diese Welt nun bei in etwa gleicher Gesamtkonstellation wirkt. Und natürlich gibt es einen gewichtigen Unterschied in der Gesamtanlage: Der Hintergrund nimmt einen geringeren Teil ein. (Und wie oft bei Morandi spiegelt sich das auch in der veränderten Leinwandgröße – kaum zwei seiner Bilder stimmen bezüglich ihrer Dimensionen überein: jetzt 30,5 x 50,5 cm). Des Weiteren ist der

---

[5] In der mir zugänglichen Literatur habe ich nur zwei Stellen gefunden, die sich direkt auf dieses Bild beziehen (Fergonzi 2004, S. 112; Pasquali 1996, S. 84 bzw. S. 374), beide mit etwas unterschiedlicher Akzentsetzung/Intention. Ersterer zieht eine Verbindung zu von Morandi früher gebrauchten Schemata; letztere informiert – ihr Beitrag ist Teil des Bestandskatalogs des Museo Morandi in Bologna – uns über die Teekanne, die hier ihren ersten Auftritt hat. Inhaltlich im engeren Sinn bezieht sich auf unser Bild nur Fergonzi. Er beschreibt »einige flache Gegenstände, von denen sich ein einzelnes Element abhebt: [...] der Griff der kleinen Kupferkasserolle, das einzige leicht geneigte Element im kompositorischen Gesamtgefüge, das auf die Frontalansicht angelegt ist.« Des Weiteren benennt er die »lebhafte, jedoch nicht grelle Farbgebung« (das Blau der Verzierung der Kanne und das Gelb der Dose) der Gegenstände, die von dem »grauen, fließenden Licht« gleichmäßig eingehüllt würden. Diese knappe Abhandlung ergibt natürlich nicht viele Vergleichsmöglichkeiten. Wenn ich sie trotzdem auch als Gegenübertragungsmanifestation lese und reflektiere, dann finde ich in der Formulierung »flache Gegenstände« das Element wieder, das ich oben mit der Erfahrung, dass der Raum für mich sich öffnen, aber dann eben auch wieder kollabieren konnte. Wenn ich als die zwei herausgehobenen Charaktere die Teekanne und die Kasserolle ansprach, dann hebt Fergonzi auf zwei farblich lebendig, herausgehobenen Elemente ab (das Blau und das Gelb).

Hintergrund in seiner Materialität viel präsenter, der Raum dadurch enger, alle Elemente scheinen in sich aufgewühlter. Es wirkt sozusagen bewegter (oder stürmischer) und dadurch meines Erachtens auch zugänglicher – dafür tritt die Binnendynamik zwischen den Gegenständen zurück.

Sie sehen: Schon relativ »kleine« Abweichungen bewirken eine etwas andere Qualität der »anwesenden Abwesenheit«. Und das zweite Gemälde (s. Abb. 3) scheint einen Zwischenschritt auf dem Weg zu dem einerseits insgesamt ruhigeren, zugleich pointierterem letzten Bild der kleinen Serie darzustellen: Die Pinselstriche des Hintergrunds prägen die Atmosphäre nicht mehr so prominent wie beim ersten, zugleich nimmt er weniger Raum ein (die Breite des Bildes ist gegenüber dem ersten reduziert mit 27,2, x 45 cm), womit sich die Aufteilung dem goldenen Schnitt nähert. Es ist insgesamt dunkler getönt, in gewisser Weise homogener und ausgeglichener. Im Vergleich zum letzten Gemälde wirkt es vertrauter auf mich. Damit entfällt zugleich ein Moment der Irritation, das Abwendung, aber auch Neues evozieren kann.

All das, was mit einem Bereich jenseits der Sprache zu tun hat, dem wir uns – ein unausweichliches Paradox – dann doch wieder sprachlich annähern müssen, bleibt schwer auslotbar. Damit haben wir auch oft in der analytischen Situation zu tun. Bei diesen Bildern kam mir eine schwer beeinträchtigte Patientin immer wieder in den Sinn, die während der ersten Gespräche mit dem Bild einer Mauer, die ihr den Weg zu sich selbst versperre, versuchte, etwas von ihrer Schwierigkeit zu fassen. Versuche sie in sich etwas auszumachen, stoße sie ständig an eine Wand. Sie sehe keine Öffnung, keine Tür. Im Laufe der Analyse bekam diese quasi Risse. Das hatte zum einen damit zu tun, dass ich beschrieb, wenn mir schien, dass in der Beziehung zu mir etwas hinter einer Mauer verschwand. Zum anderen auch damit, dass ich auf kleinste Variationen der über lange Zeit scheinbar immer gleichen Unzugänglichkeit, die die Patientin empfand (sie wisse nicht, wie es ihr gehe, was sie wolle …) achtete. Ich versuchte herauszuspüren, welches Element von »anwesender Abwesenheit« jeweils in welchem Umfang förderlich schien: eher ein unspezifisches »Mhm« – mit all den Variationen von ermutigend bis hinterfragend – oder eine spezifischere Intervention. Die Beschäftigung mit Morandi hatte mich für das Universum von Verschiedenheiten im scheinbar immer Gleichen sensibilisiert.

Und zugleich schienen diese Bilder etwas vor Augen führen zu können, was mit der Basis unserer Arbeit zu tun hat, als solche aber nicht leicht zu beschreiben ist.

Es übersteigt bei weitem meine Möglichkeit, das Werk Morandis dafür umfassender zu ergründen. Selbst die Überlegung, mich auf die weiteren Auftritte unserer Teekanne in Morandis Stillleben während der folgenden ca. 15 Jahre zu beschränken und nochmals ganz andere Spielarten der »anwesenden Abwesenheit« vorzustellen, sprengt den Rahmen. Angesichts Hunderter von Stillleben ist zwar die Zahl der Werke, auf denen sie auftaucht, noch einigermaßen übersichtlich, aber doch zu zahlreich, da dann auch einschlägige Aquarelle und Zeichnungen Berücksichtigung finden müssten. Deshalb als Exkurs hier nur einige wenige Beispiele, um damit weitere Untersuchungen anzuregen.

Exkurs –
Auswahl weiterer Kompositionen
mit dem besonderen Objekt der Teekanne

Natura morte von 1951 (*Vitali 767*; Abb. u. a. in Katalog *The later Morandi*, hg. v. Rossi 1998, S. 94): ein fast quadratisches Bildformat, vor grünlich-grauem Hintergrund ein Paar auf einer von links ins Bild ragenden gräulichen rechteckigen Platte: neben unserer, dieses Mal aus der Frontalen etwas nach rechts gedrehten und dekorierten Teekanne eine hohe Flasche in gebrochenem Weiß, deren gerillter Bauch so ausladend ist, dass sie einen Teil der Kanne verdeckt. Davor ein kleiner Ball, der auf der uns zugewandten Seite den Farbton der Flasche, auf der uns abgewandten das Blau der Verzierungen aufnimmt. Der Betrachter-Standpunkt ist gegenüber den vorigen etwas weiter unten, wodurch das Paar noch bildbeherrschender wirkt. Auch das Licht kommt dieses Mal nicht senkrecht von oben, sondern von links vorne, so dass die Diagonalen der Schatten auf die hintere rechte Tischecke zulaufen. Die Bewegung, die durch die spitz auf diese Tischecke zulaufenden Dreiecke in Gang gesetzt wird, findet ihren Widerpart in dem Hintergrunddreieck, das durch die rechte Tischkante gebildet wird. Morandis Signatur setzt das notwendige Gegengewicht. Auch hier

»passiert« mir immer wieder eine »Fehlwahrnehmung« – im ersten darauf Blicken sehe ich die Teekanne jeweils als durch den Bauch der Flasche »eingedellt« (und nicht »nur« überlagert). Sie steht etwas zurück und weist mit ihrem Schnabel – ich meine: vielleicht »ängstlich« – doch über den Flaschenbauch hinaus, möglicherweise auf einen ungewissen Fortgang der Bewegung. Nähert man sich der Kante und droht dort ev. der Absturz oder Abgrund? Wie verhält sich die Fläche dazu? Sie überspannt in der Vertikalen den größten Teil des Bildes und erweist sich auch mit ihrem Bauch als raumgreifend. Sie steht – unbeeindruckt oder sich etwas forciert so gebend? Ein Anschein von Zuversicht? Im Gegensatz zum Stillleben von 1949 haben wir hier ausschließlich spezifizierte Elemente: zwei große Protagonisten und einen kleinen. Im Vergleich also statt einer Notgemeinschaft heterogener Elemente eine gewählte Bezogenheit. Eine ruhige Momentaufnahme, der aber – über die Drehung der Teekanne – ein (besorgtes?) Wissen um die Zeitachse innewohnt.

Streifen wir hier nur *Natura morta 1956 (Vitali 997*; Abb. in Katalog Winterthur, D. Schwarz 2000, S. 65). Dieses Mal wieder eine Viererkomposition – mit drei Elementen in der erster Reihe und einem dahinter. Im Vergleich zu unserem ersten Bild spielen jedoch die Gegenstände in der ersten Reihe die Hauptrolle, sie besteht aus drei ausgeprägten Charakteren, wobei die Mittelstellung dieses Mal einem Trichter zufällt. Wieder das Gelbocker und das Blau als Buntfarbe. Irgendwie imposant; das Ganze hat für mich »trotzdem« etwas Unentschiedenes.

Springen wir zu einem der beiden Vertreter von 1957: *Natura morta (Vitali 1032;* Abb. u. a. in Wuppertaler Katalog 2004, S. 149). Ein ganz anderes Szenario: in der Mitte des horizontalen Rechtecks eine – im Einzelnen perspektivisch schwer auszumachende – mächtige vertikale Zäsur: eine Prozession mit unserer Teekanne in vorderster Front, einem hohen Kupferkrug ganz hinten und dazwischen vier hohe Flaschen, links zwei weiße, rechts zwei schwarze. Fergonzi schreibt: »Morandi arbeitet hier mit einer dichten und vibrierenden Malerei, reich an unbegrenzten chromatischen Übergängen wie den violett-pflaumenfarbenen Rosétönen und der grauelfenbeinernen Weißskala. Er erforscht en détail den Kontrast zwischen den Oberflächen – zum einen stumpf und samtig (die der dunklen Flaschen […]) sowie zum anderen leuchtend und reflektierend (die der weißen

Flaschen und der Teekanne).« (S. 148) Er schließt: »Das Stillleben wird solchermaßen zu einer Art abstrakter, im Raum isolierter Architektur, die jedoch mit einem geradezu besessenen optischen Realismus das kleinste Detail der Farbgebung und der Lichteffekte registriert.« (ebd.) Das entspricht meinem Empfinden, es mit etwas »Erhabenem« zu tun zu haben, dessen Fremdartigkeit einen staunen, aber auch potentiell Düsteres, Unheilvolles assoziieren lässt.

Als Kontrast hierzu *Natura morta 1959 (Vitali 1142*; Abb. in Katalog Schleswig-Holstein 1998, Nr. 75): jetzt eine Breitbandkomposition. Vier Elemente, wovon wie bei unserem ersten Bild wiederum zwei Elemente (dieses Mal die zwei linken) eher unspezifische farbige Flächen sind, aber auch die Kasserolle rechts sich in diese Richtung bewegt. Die – wie bei unserem zweiten Bild wieder leicht nach rechts aus der Frontalen gedrehte – Teekanne steht von daher einzig da. Mit ihrem warm strahlenden Weiß ist sie intensiv und doch unaufdringlich präsent. Ein in meinen Augen wunderschönes, sehr bewegendes Bild!

Hatte ihre Energie inzwischen so zugenommen, dass sie drei Jahre später in einer konzentrierten Arbeit zurückgenommen werden musste? In *Natura morta 1962 (Vitali 1280*; Abb. u. a. in Wuppertaler Kat. 2004, S. 159) verdecken drei (Ovomaltine-) Dosen sie fast vollständig – Fergonzi spricht gar von der »Anmutung einer uneinnehmbaren Festung«. In *Natura morta 1962 (Vitali 1284*; Abb. in Güse/Morat 1993, Nr. 8) ist sie größtenteils wieder sichtbar, dafür nun aber nach hinten gerückt und wie nur über Brückenelemente erreichbar.[6] Dass es danach nochmals in eine ganz andere Richtung weiterging, soll zum Schluss der Hinweis auf *Natura morta 1963 (Vitali 1324*; Abb. in Güse/Morat 1993, S. 73 + Metropolitan Museum of Art in New York, S. 325) belegen.

---

[6] Über *Natura morta 1963 (Vitali 1318*; Abb. u. a. in Wuppertaler Katalog 2004, S. 161) habe ich an anderer Stelle berichtet (Frank 2006).

Wie Werke Morandis uns »ergreifen« – Vergleich mit einer alternativen Herangehensweise und Conclusio

Über die Erkundung von *Natura morta 1949* kam ich auf die Formulierung »abwesende Anwesenheit«. Die weitere Untersuchung ergab fast ein ganzes Universum von Verschiedenheiten im scheinbar immer gleichen. Ich möchte nun zum Abschluss meine Überlegungen in Beziehung setzen mit dem Ansatz des einzigen Kollegen (von dem ich weiß), der auch über Morandi arbeitet. Ich hatte vor Jahren recherchiert, was es von psychoanalytischer Seite bereits gibt und zu meiner Verwunderung festgestellt, dass sich nichts ausfindig machen ließ. Jahre später (2010) stieß ich während der Jahrestagung der American Psychoanalytical Association in New York auf den Vortrag *The art of Giorgio Morandi as a resource for the psychoanalyst* von J. David Miller aus Washington (2011 erschien eine überarbeitete Version seines Vortrags unter dem Titel *More than meets the eye: Morandi's art and analytic listening*). Miller legte in New York mit vielen Bildern dar, in welch vielfältiger Weise Morandi eine Ressource für Analytiker darstellen kann. Ich beschränke mich hier auf die für mich erst einmal frappantesten Unterschiede.

Auffassung der Gefäße: Auch der Kollege konzentrierte sich auf Morandis Hauptwerk, also seine Stillleben. Während ich davon ausgegangen war, die Assoziation Behälter/Container bei den auf allen Bildern zu sehenden Gefäßen läge für Psychoanalytiker auf der Hand,[7] sieht Miller hingegen sich mit anderen darin einig, dass die Bilder ein inneres Drama widerspiegelten. Jedes Gefäß stehe für einen bestimmten Menschen in Morandis innerer Welt. Morandi projiziere nicht nur generelle emotionale Zustände auf die Leinwand, sondern auch seine Phantasien und Gefühle über Personen/Objekte, die ihm etwas bedeuten. Es sei vorstellbar, dass Morandi sie bewusst bestimmten Gefäßen zugeordnet habe – verschiedenen Teilen seiner selbst, seiner Mutter, seines Vaters und seinen Geschwistern, was wir aber

---

[7] Wenigstens ein Kollege brachte in der anschließenden Diskussion genau diese Frage ein (also wieweit die Gefäße als Container im psychoanalytischen Sinn betrachtet werden könnten).

nicht wissen. Sicher sei, dass auf einer unbewussten Ebene er den Objekten bestimmte Rollen zuschrieb.[8] Zwar war mir manchmal bei dem Gemälde, das einen Krug und Becher zeigt, die Assoziation gekommen, es könnte sozusagen eine »Mutter mit Kindern« repräsentieren, aber ich war nie auf die Idee gekommen, einzelnen Gefäßen systematisch eine bestimmte Rolle zuzuweisen.

Parallelen und Unterschiede im methodischen Vorgehen: Miller und ich arbeiten mit unseren subjektiven Einfällen – wie könnte es auch anders sein. Der Unterschied besteht jedoch im Gebrauch, den wir davon machen. Nimmt man den Einfall sozusagen eins zu eins oder tritt man dann nochmals einen Schritt zurück und fragt sich, was es mit dem Einfall auf sich hat? Miller nimmt ihn sozusagen eins zu eins. Da ihm (und anderen) das Familiendrama evident erscheint, fühlt er sich eingeladen, eine objektbeziehungstheoretische Perspektive auf Morandis Kunst anzuwenden. Das hat den Vorteil, gut verständlich zu sein, anregend, und die Gefahr ist gering, dass ein Gefühl der Fremdheit aufkommt oder gar der Schwer- oder Unverständlichkeit. In gewisser Weise unterscheidet sich diese Art nicht

---

[8] Auch wenn Miller selbst seine Zuordnung im Einzelnen als spekulativ bezeichnete, so bestach beim ersten Hören diese Lesart von Morandis Gemälden. Die Bilder erschienen wie mit einer zunächst unbekannten Schrift – denken Sie an Hieroglyphen o. ä. – geschrieben, die sich nun, da man den Übersetzungsschlüssel in der Hand hat, plötzlich einfach entziffern ließen.
So sehr ich mich – bei gleichzeitiger Skepsis – erst einmal auf die vorgeschlagene Lösungsformel, jedes Gefäß entspreche einer inneren Figur, einlassen konnte, so wenig überzeugte mich die von Miller vorgenommene Zuordnung. Ich dachte, wenn an der generellen Idee etwas dran ist, dann ist doch viel eher … In der Diskussion traten wir Zuhörer in gewisser Weise mit dem Referenten in einen Wettstreit der Ideen ein, welches Gefäß denn nun am sinnfälligsten welches Objekt/welche Figur darstelle – bis ein anderer Teilnehmer mit einem Statement über die Unsinnigkeit, Kunst in dieser Weise zu psychologisieren, die gefundene »Lösung« per se anzweifelte, besser: für ungültig erklärte. In der Kunst Morandis gehe es um Form, Farbe, Licht … [In der Diskussion selbst blieben die kontroversen Positionen nebeneinander stehen.] Mir ging das Stichwort »Küchenpsychologie« durch den Kopf, und ich erinnerte mich, dass mir vor vielen Jahren auch mein Einfall mit dem Containment als banal/zu banal erschienen war.

von der Struktur eines interessierten Alltagsdialogs. Zur Hypothesengewinnung ist dies ein notwendiger Schritt; er eignet sich auch, um bekanntes Wissen in einem allen zugänglichen Bereich zu demonstrieren. Aber wie kommen wir dann in einen Dialog, aus dem sich auch neues ergeben kann, und zwar in einer begründbaren Argumentationsreihe (und nicht als pure Behauptung)?

Meine Idee war, dass die Gemälde mit einer von der psychoanalytischen Praxis inspirierten Vorgehensweise beforscht werden könnten. D.h. zum Beispiel zu fragen: Was bedeutet es, dass in mir – und anderen – Assoziationen von Containment evoziert werden, in anderen wie Miller und einzelnen Kunstkritikern, die er zitiert, beispielsweise die Familienkonstellation assoziiert wird? Ich wende also auch etwas an, aber keinen spezifischen Inhalt bzw. keine spezielle Theorie, sondern den Kern der psychoanalytischen Methode, die Gegenübertragungsanalyse. [In der Situation mit dem Patienten nehmen wir unsere evozierten Phantasien und Gefühle nicht für bare Münze, sondern untersuchen sie daraufhin, worauf sie in dem komplexen Geschehen hinweisen können.]

Der Künstler oder seine Bilder auf der Couch?[9] So wie ein Patient quasi täglich zum Analytiker gehe und wiederholt das gleiche Muster durcharbeite, so habe Morandi täglich in seinem kleinen Atelier, in dem er auch schlief, sich der Leinwand gestellt. Miller nimmt an, Morandi habe sich aus Gründen auf den kleinen Raum beschränkt, welche jemand anderen ein analytisches Sprechzimmer hätten aufsuchen lassen. Weil Morandi sich vor Worten fürchtete (2011, S. 114), weshalb auch nur wenige Äußerungen

---

[9] In der publizierten Version heißt es zwar in der vorangestellten Zusammenfassung, diese Studie unterscheide sich von Freuds Arbeit über Leonardo, in welcher »he creates a psychodynamic hypothesis by linking the art with facts and conjecture about the artist's life« (2001, S. 109). Da persönliche Informationen über Morandi rar seien, könnten wir nur wenige Verbindungen zwischen seiner Kunst und seiner individuellen Psychologie ziehen. »But Morandi's work can inform psychoanalysis and enhance analytic listening when we reflect on the paintings themselves, our responses to them and the responses of art critics.« Das klingt ja durchaus vergleichbar mit meinem Ansatz. Aber er verfolgt ein anderes Ziel, denn er fährt fort: »This approach to his art evokes the core principles of clinical theory, demonstrates the overlap between the creative process in art and analysis […].« (ebd.)

von ihm überliefert sind, habe er sich in Bildern ausgedrückt, die wir nun sozusagen auf die Couch legen könnten.

Das mag ähnlich wirken wie mein Ansatz, sich einer analytischen Haltung gegenüber den Bildern zu bedienen. Der entscheidende Unterschied besteht für mich aber darin, woraufhin ich mit meinen Überlegungen abziele: Geht es, wie mir das bei Miller nahezuliegen scheint, darum, der Psychopathologie des Künstlers auf die Schliche zu kommen? Dann versteht man die Bilder tatsächlich als freie Assoziationen, die auf den pathogenen Konflikt verweisen bzw. davon zeugen, den es nun nur noch zu entschlüsseln gilt.

Oder geht es darum, davon auszugehen, der Künstler wollte in seinen Bildern etwas Überindividuelles einfangen und mit ästhetischen Mitteln vermitteln, was ihm für sich und andere von Belang scheint? Natürlich wird die Auswahl, womit er sich intensiv auseinandersetzt, auch von seinem ganz persönlichen biographischen Geworden-Sein mitdeterminiert sein, von daher können vorsichtige Überlegungen aufgrund überlieferter Daten Hypothesen wahrscheinlicher oder unwahrscheinlicher machen. Wesentlich ist mir jedoch die andersgeartete Schwerpunktsetzung: Mich interessiert, wie ich für mich fassen kann, was Morandi mit seinen Mitteln untersucht hat – ich sehe die Parallele also dahingehend, dass wir beide am Ergründen eines nicht leicht zugänglichen Bereichs der Conditio humana interessiert sind und ich über seine Bilder etwas in Erfahrung bringen kann, was meine bisherige Auffassung erweitert.

Von daher würde ich aus der Tatsache, dass Morandi tatsächlich sich öffentlich nur äußerst spärlich zu seiner Kunst äußerte, einen anderen Schluss ziehen: Meine Hypothese lautet, dass er mit etwas jenseits der Worte befasst war, einen Bereich in den Blick nahm und auslotete, der mit einem Beziehungsaspekt zu tun hat, der sich nicht primär über Worte mitteilt.

Über diese drei Punkte (die natürlich miteinander zu tun haben), die mich 2010 beschäftigten – dem unterschiedlichen Verständnis der Bedeutung der Gefäße, der Verschiedenheit unseres methodischen Vorgehens und der Akzentsetzung beim Heranziehen der Persönlichkeit des Künstlers –, bin ich bei Freuds eingangs zitierten Fragen. Während Hanna Segal sich in erster Linie mit der ersten Frage befasste, woher der Künstler seine Stoffe nimmt, wie die Bedingungen im Künstler beschaffen sein müssen, beschäftigte mich schwerpunktmäßig die zweite, die Frage danach, wie der

Künstler es schafft, uns mit seinen Werken zu ergreifen. Damit steht die Rezeption im Zentrum. Welche Haltung nehmen wir in der angewandten Psychoanalyse ein? Wohin führt uns welche Haltung? Und wie lassen sie sich ggf. miteinander in Beziehung setzen? Lassen Sie mich die Gegensätze in meiner Auffassung von Morandis Stillleben und meine Rezeption von Millers Vortrag nochmals zusammenfassen: bei letzterem eine sehr konkrete Lesart der Gefäße im Gegensatz zu meinem abstrakten Verständnis (1); Millers individuell persönliche Akzentuierung und meiner von der individuellen Eigenart eher absehenden, überindividuellen/allgemeingültigeren Konstante (2); Millers Position, welche die Bilder so versteht, als wären sie eben statt der Worte als Kommunikationsmittel gewählt worden, und meine Position, welche die Bilder primär als Mitteilungen über einen Bereich jenseits der Worte ansiedelt (3).

Im darüber Nachdenken komme ich wieder auf mein Stichwort: anwesende Abwesenheit. Anwesende Abwesenheit als eine wesentliche Qualität psychoanalytischer Haltung – eine anwesende konkrete gute Erfahrung, bei der aber gleichzeitig etwas unzugänglich, abstrakt bleibt, die wir zum einen persönlich erleben, ohne aber dass die Gefäße für uns eine individuell zwingende Zuordnung erfahren. Objekte, die zu uns sprechen, aber keine Geschichte erzählen, also auch fremd/allgemein bleiben. Gefäße also per definitionem als Dinge, die etwas »fassen«/aufnehmen/halten und zugleich als Teil der unbelebten Welt wesensmäßig uneinfühlbar bleiben. Meine Hypothese wäre folglich, dass in diesen Bereichen Morandi ein Paradox auslotet, nachdem wir überlebensnotwendig darauf angewiesen sind, dass unsere Objekte uns mit all dem, was uns (innerlich und äußerlich) widerfährt, einen Halt bieten, schwer/unverdauliches aufnehmen und »fassen« und dabei zugleich in einem zentralen Bereich auch unzugänglich sind und bleiben. Verschiedene Spielarten des Zusammenwirkens dieser beiden Komponenten wären dann also das, was Morandi erforscht. Sein Hauptaugenmerk liegt dabei darin, so legt die Wahl der Studienobjekte nahe, die mögliche Bedeutung der unbelebten, gegenständlichen Welt zu explorieren, welchen/e Aspekt/e einer Objektbeziehung/Primarobjektbeziehung diese repräsentieren kann/können.

Während ich mich nicht in der Lage sehe, spezifische Aussagen dazu zu machen, woher Morandi »seine Stoffe« nahm – da er nicht, wie andere

Künstler bei Segal (o. a.) in Analyse war –, legte ich meine Überlegungen dar, was uns als Betrachter ggf. »ergreifen« kann: das Sondieren von Bedingungen von Symbolisierungsprozessen, auf die wir alle nolens volens angewiesen sind.

Literatur

Abella, A. (2011): Zeitgenössische Kunst und Hanna Segals Überlegungen zur Ästhetik. In: H. Mauss-Hanke (Hrsg.): *Internationale Psychoanalyse 2011*. Gießen: Psychosozial, 243–267.

Abramowicz, J. (2004*): Giorgio Morandi: The Art of Silence*. New Haven, London: Yale University Press.

Bandera, M. (2008): Giorgio Morandi today. In: Dies. & Miraco, R. (Hrsg.): *Giorgio Morandi 1890–1964*. Milano: Skira, 24–45.

Fergonzi, F. (2004): Katalog der ausgestellten Werke. In: Fehlermann, S. (Hrsg.): *Giorgio Morandi. Natura morta 1914–1964*. Wuppertal: Von der Heydt-Museum.

Fergonzi, F. (2008): On some of Morandi's visual sources. In: Bandera, M. & Miraco, R. (Hrsg.): *Giorgio Morandi 1890–1964.* Milano: Skira, 46–65.

Frank, C. (2006). Giorgio Morandis *Natura morta*: Überlegungen zum Integrationsprozess. *Psyche – Z Psychoanal*, 60: 491–514.

Frank, C. (2012): Wiedergutmachung – zur Entstehung eines neuen Konzepts aus Melanie Kleins ersten Kinderanalysen. *Jahrb Psychoanal*, 65: 81–106.

Frank, C. (2015): Zum Wurzeln der Symbolisierung in »sinnhaften« unbewussten Phantasien körperlicher Erfahrungen – Der kleinianische Symbolisierungsbegriff. *Jahrb Psychoanal*, 71: 41–63.

Freud, S. (1914b): Der Moses des Michelangelo. *GW X*, 172–201.

Miller, J. (2011): More than meets the eye: Morandi's art and the analytic listening. *J Amer Psychoanal Assn*, 59: 109–130.

Pasquali, M. (Hrsg.) (1996): *Museo Morandi: Catalogo generale*. Bologna: Grafis Edizioni.

Pasquali, M. (1998): Perception and allusion in Giorgio Morandi's nature art. In: Rossi, L. (Hrsg.): *The Later Morandi: Still lifes 1950–1964*. Milano: Mazzotta, 41–50.

Roditi, E. (1973): *Dialoge über Kunst*. Frankfurt a. M.: Suhrkamp.

Segal, H. (1992 [1952]): Eine psychoanalytische Betrachtung der Ästhetik. In: Dies.: *Wahnvorstellung und künstlerische Kreativität.* Stuttgart: Klett-Cotta, 233–259.

Segal, H. (1992 [1974]): Wahnsinn und künstlerische Kreativität. In: Dies.: *Wahnvorstellung und künstlerische Kreativität.* Stuttgart: Klett-Cotta, 261–272.

Segal, H. (1996): *Traum, Phantasie und Kunst.* Stuttgart: Klett-Cotta.

Segal, H. (2007): Vision. In: Dies.: *Yesterday, Today and Tomorrow.* London, New York: Routledge, 61–68.

Vitali, L. (1983): *Giorgio Morandi – Catalogo generale.* Mailand: Electa.

PD Dr. Claudia Frank, Raffaelweg 12, D-70192 Stuttgart

Tel.: +49-711-2268595 Fax: +49-711-2268573. Cl.Frank@t-online.de

Raimund Rumpeltes

Omnipotenz, Manie und Symbolbildung

Hanna Segal zu Ehren

Die Supervisionserfahrungen mit Hanna Segal haben mir im Anschluss an meine Ausbildung eine neue, wichtige und mir bis dahin nicht ausreichend bekannte Welt der kleinianischen Psychoanalyse eröffnet. Jan Malewski hatte mit seinen Kontakten nach London den Weg gebahnt und Peter Gabriel, der schon längere Zeit mit Hanna Segal arbeitete, lud mich ein, mit ihm zusammen nach London zu fahren. Was 2002 mit einer gehörigen Portion Unsicherheit begann, wurde für mich zu einer beständigen Quelle, Neues in meinem Verständnis von Psychoanalyse zuzulassen. Neben den fruchtbaren Diskussionen über meine Patienten habe ich in Hanna Segal auch eine sehr humorvolle, warmherzige, zugleich eine Frau von fester Überzeugung kennengelernt. Mich beeindruckte ihre Fähigkeit, die unbewusste Kommunikation innerer Objekte eines Patienten und deren Niederschlag in der Übertragungs-Gegenübertragungs-Dynamik mit – so habe ich es oft empfunden – traumwandlerischer Sicherheit zu erfassen. Für schwierige und komplexe dynamische Zusammenhänge konnte sie einfache Worte finden. Dabei half sie mir oft dadurch, dass sie anbot, über eigene Formulierungen von Deutungen zu diskutieren, die sie oft mit dem Satz einleitete: »I would put it that way...«, und daran schloss sich oft eine völlig neue Sichtweise auf das Geschehen an.

Insbesondere in der Analyse eines meiner Patienten, den sie sehr mochte, tauchte immer wieder eine Welt omnipotenter Realitätsverkennung auf. Bei einer anderen Patientin bestand die Schwierigkeit darin, sie dazu zu bewegen, einen Rückzugsort omnipotenter Fantasie zu verlassen und mit mir in Beziehung zu treten.

Die Supervisionen dieser Behandlungen sind einer der Ausgangspunkte für diese Arbeit. Hanna Segal war immer sehr an Kunst und ihrer Bedeutung für unsere Psyche interessiert und deshalb auch nicht abgeneigt, meine Gedanken über einen Patienten der Heidelberger Sammlung Prinzhorn zu begleiten. Die in dieser Arbeit vorgestellten Gedanken zu den Werken dieses Patienten habe ich noch in ihren letzten Lebenswochen mit ihr diskutieren können. Ich werde verschiedene Ebenen omnipotent-manischen Erlebens und deren Besonderheiten anhand der Behandlungen und der Überlegungen zu dem Werk Joseph Forsters aus der Heidelberger Sammlung Prinzhorn darstellen.

In ihrer Arbeit *Acting on phantasy and acting on desire* (Segal 1992, S. 96–111), die in dem Band *Yesterday, Today and Tomorrow* erschienen ist, charakterisiert Segal Handlungen auf dem Boden von Fantasien dreifach:

1. durch eine Verkennung der externen Realität,
2. durch eine Verkennung der inneren Realität, insbesondere der Realität der eigenen Bedürfnisse und
3. dadurch, dass sie eher durch einen Zwang zur Handlung als durch eine Wahlmöglichkeit gekennzeichnet sind.

Handlungen auf der Grundlage von Fantasien unterscheiden sich sehr von Handlungen, die auf einer Überprüfung von Fantasien an der Realität beruhen. Diese nämlich setzen einen Möglichkeitsraum voraus, in dem das Individuum sich fragt: »Was wäre, wenn…?« Insofern setzt wirkliches rationales Handeln immer Fantasie im Sinne eines Probehandelns voraus, Zweifel und die Möglichkeit des Scheiterns eingeschlossen. Versagt dieser Prozess, kann es zu schweren pathologischen Entwicklungen kommen, denn wenn Handlungen auf dem Boden omnipotenter Fantasien die Oberhand haben, verschwindet jegliches Bedürfnis und die Fantasie wird zum Wahn.[1]

---

[1] Schon Freud hat darauf aufmerksam gemacht, dass die Aufrechterhaltung eines sich zwanghaft immer wieder wiederholen müssenden omnipotenten Funktionsmodus letztlich zum Tode führen muss. Die »halluzinatorische Wunscherfüllung« schreibt er 1911, sei derart, »daß eine solche Organisation, die dem Lustprinzip frönt und die Realität der Außenwelt vernachlässigt, sich nicht die kürzeste Zeit am Leben erhalten könnte.« (Freud, S. 1911, S. 232).

Zudem sind Systeme, die auf halluzinatorischer Wunscherfüllung[2] beruhen, in besonderem Maße darauf angewiesen, Unlusterfahrungen aus dem eigenen psychischen Innenraum hinaus zu projizieren. Das so halluzinatorisch erzeugte befriedigende Objekt, zum Beispiel die Brust, wird dann kurzzeitig als befriedigend erlebt und die mit der Frustration der Unlusterfahrung verbundenen Gefühle sind vorübergehend beseitigt. Wie gesagt ist die Befriedigung nur kurzzeitig und vorübergehend und deshalb müssen diese Handlungen in immer kürzeren Zeitabständen wiederholt werden und in der Folge immer größere Quantitäten an Unlustgefühlen bewältigt werden.

Die für den Säugling schwer auszuhaltenden Unlusterfahrungen können als wiederkehrende Depressionen und Verzweiflungszustände bezeichnet werden, denen der Säugling von Beginn seines Lebens an ausgesetzt ist. Fantasien als psychische Repräsentanten von Triebregungen, an der Grenze zwischen Seelischem und Somatischem, sind von Beginn des Lebens an vorhanden.

Diese ganz frühen Fantasien sind notgedrungen omnipotent, aber nicht pathologisch, weil eine Differenzierung zwischen Fantasie und Realitätserfahrung noch nicht existieren kann. Sie muss erst in einem mühsamen und auch schmerzhaften Prozess erworben werden. Schließlich muss der Säugling von Beginn an mit dem Ansturm von Realitätserfahrungen, zu denen auch schmerzhafte Körpererfahrungen gehören, fertig werden.

Fantasien richten sich in ihrem Abwehraspekt nicht nur gegen die äußere Realität der Versagung, sondern sie sind auch Abwehrvorgänge gegen eine *innere* Realität, insofern sie die Realität des (z. B.) eigenen Hungers verleugnen. In ihrem positiven entwicklungsfördernden Abwehraspekt legen solche allumfassenden Fantasien eine wichtige Grundlage für die Integration unserer Persönlichkeit. Ihre wichtigste Leistung ist, Struktur und eine erste Differenzierung in das Chaos der anstürmenden Erfahrungen zu bringen. Dies gelingt durch Aufspaltung in ein gutes und ein böses Objekt. Dies ist der Kern, aus dem sich alle weiteren Differenzierungsleistungen entwickeln

---

[2] Auch Freud ging offensichtlich davon aus, dass der Säugling mit einem rudimentären Ich ausgestattet ist, »das fähig ist, eine phantasierte Objektbeziehung herzustellen« (Segal 1962, S. 45).

werden. Aus der Verfolgungsangst entwickelt sich die Fähigkeit, reale Gefahrensituationen realistisch einschätzen zu können, und die Idealisierung ist der Vorläufer guter Objektbeziehungen. Zustände wie z. B. Verliebtheit oder der Genuss ästhetischer Objekte ist ohne sie nicht vorstellbar.

In ihren frühen Ausformungen übernehmen Fantasien auch Aufgaben, die später das Denken übernimmt, denn beide können das Ich vorübergehend befähigen, Spannungen ohne sofortige motorische Entladung zu ertragen und zum Beispiel ein Begehren über eine gewisse Zeit hinweg aufrechterhalten, bis eine Befriedigung in der Realität möglich geworden ist. An dieser Stelle wird deutlich, wie wichtig es ist, dass diese rudimentären Entlastungsfunktionen nicht durch eine zu lange Frustrationserfahrung überbeansprucht werden. Für eine gesunde Entwicklung ist es enorm wichtig, dass tatsächlich ein befriedigendes Objekt kommt und das Triebbedürfnis, z. B. den Hunger, stillt.

In rudimentärer Form haben wir also schon am Beginn des Lebens eine Wechselwirkung zwischen einem Lebensmodus, der davon gekennzeichnet ist, mit allen zur Verfügung stehenden Mitteln eine dem Lustprinzip verpflichtete Welt der totalen und sofortigen Triebbefriedigung aufrechtzuerhalten und einen frühen von Depression und Verzweiflung gekennzeichneten Modus, der durch eigene innere halluzinatorische Anstrengungen den Zustand der Versagung auszuhalten lernt. Die zur Verfügung stehenden Mittel sind Spaltung, Projektion und Introjektion. Der erste Modus wurde von Melanie Klein und ihren Nachfolgern als paranoid-schizoide Position (PS), der zweite als depressive Position (D) beschrieben.

In dem Zwischenraum zwischen PS und D spielt sich die Entwicklung ab. Freud (1917, S. 462) bringt zum Beispiel die Entwicklung in einer psychoanalytischen Behandlung in Verbindung mit der Gewebsneubildung, die sich im Cambium abspielt, der Zwischenschicht zwischen Holz und Rinde eines Baumes. Segal (1977, S. 273–286) schreibt: »Also entwickelt sich das Denken in dem Zwischenraum zwischen der Erfahrung des Bedürfnisses und seiner Befriedigung.« Das ist der Raum zwischen PS und D. Deshalb muss es von großem Interesse sein, was dort geschieht. Vom Gelingen dieses Prozesses hängt nicht nur die Qualität unserer Objektbeziehungen entscheidend ab, sondern auch unsere Fähigkeit, Neues zu ertragen und zu integrieren.

In ihrem Buch *Traum, Fantasie und Kunst* bezeichnet Hanna Segal 1991 diesen Zwischenraum als »das eigentliche Schlachtfeld für die Entwicklung einer reifen Beziehung zur Realität *am Übergang von der paranoid-schizoiden zur depressiven Position*« (Segal 1996, S. 44). Das ist der Ort, an dem unbewusste omnipotente Fantasien in ihre Beziehung zur Realitätsprüfung gesetzt werden. Sie übernehmen im frühen Seelenleben einige Funktionen, die später vom Denken übernommen werden, das in enger Verbindung zur Realität steht (Segal 1964, S. 63–73). Deshalb beruht das Denken auf der Fantasie und steht nicht im Gegensatz zu ihr.

In ihrer 1992 erschienenen Arbeit *Acting on phantasy and acting on desire* verortet sie den Ort, wo omnipotent-halluzinatorische Fantasien in Vernunft geleitetes Handeln überführt werden, *in der depressiven Position* (Segal 1992, S. 107). Hier ist Segal in ihren Texten nicht ganz eindeutig, denn in ihrer Arbeit aus dem Jahr 1991 (6) ist es der Zwischenraum; was ich so verstehe, dass es an diesem Punkt noch eines weiteren Nachdenkens bedarf. Auch scheint mir, dass die Unterscheidung zwischen Omnipotenz und Manie oftmals nicht ausreichend klar ist, auch wenn es so scheint, als würde sie omnipotente Modi eher der paranoid-schizoiden Position zuordnen und manische der depressiven. 1994, in *Paranoid anxiety and paranoia* (Segal 1994, S. 95–102), beschreibt sie die manische Abwehr als eine Abwehr im Angesicht der Anforderungen, die mit der depressiven Position verbunden sind, insbesondere das Verarbeiten von Schuld- und Verlustgefühlen. Diese manische Abwehr allerdings beinhaltet ihrer Ansicht nach eine Regression, die in erneuten Spaltungsbewegungen mündet. Die projektive Identifikation sei auch hier die Wurzel, wenn auch flexibler und leichter zurückzunehmen (ebd. S. 96).

In dieser Arbeit beschreibt Segal zwei Patienten, die beide im Angesicht von depressiven Gefühlen mit einer Reaktivierung paranoider Erlebnisweisen reagierten. Aber es gibt einen großen Unterschied, denn »den ersten Patienten konnte ich durch seine Träume und seine Assoziationen verstehen; bei den hebephrenen Patienten geschah dies durch ihre Handlungen und meine Gegenübertragung« (ebd. S. 97).

Vieles hänge vom Ausmaß der Identifikation bei Spaltungsprozessen in der projektiven Identifizierung ab, also dem Grad der Omnipotenz. Wenn das Ausmaß der Identifikation derart ist, dass eine Erfahrung von Containment – d.h. die Erfahrung von einem zugewandten Objekt verstanden zu werden – nicht gemacht werden kann, dann ist das Objekt *vollständig* identisch mit dem eigenen Selbst und eine Entwicklung ohne das erwartete Verständnis dieses Prozesses ist nicht möglich (S. 98). Aber eines ist klar: Die omnipotent-halluzinatorische Fantasie erschwert wirkliches Denken und ist zugleich seine Voraussetzung. Segal (1964, S. 69) beschreibt den Vorgang folgendermaßen:

> Wenn die Umstände so sind, dass der Säugling die Enttäuschung durch die Realität nicht ertragen kann, dann wird die Omnipotenz der Fantasie verstärkt, die Wahrnehmung der Wirklichkeit verleugnet und zunichte gemacht. Der Säugling muss weiterhin ausgerichtet am Bild der omnipotenten Fantasie funktionieren, ein Denken entwickelt sich nicht. Da diese omnipotente Fantasie ihn tatsächlich nicht von den schmerzlichen Reizen befreien kann, wird er darüber hinaus mehr in die Fantasie projektiver Identifizierung und in Angriffe auf sein eigenes Ich gedrängt werden, und zwar besonders auf seine Wahrnehmungsorgane, in dem Versuch, diese Reize loszuwerden. Auf diese Art und Weise entstehen die schwersten psychischen Störungen des Denkens.

In diesem frühen Lebenszeitraum ist »Denken« also die Erwartung, dass eine omnipotent-halluzinatorische Wunscherfüllung Realität werden möge. Bion (1962) wird die formelhafte Darstellung dieses Zusammenhangs als »keine Brust, deshalb ein Gedanke« zugeschrieben. Der berühmte Doppelpfeil zwischen PS und D, den wir Bion verdanken, verweist uns darauf, dass Entwicklung nie linear verläuft, sondern gekennzeichnet ist durch einen permanentes Oszillieren im Raum zwischen den beiden Funktionsmodi.

Melanie Klein beschrieb bereits 1935 (S 57ff.; siehe auch 1940, S. 169ff.) manische Abwehrvorgänge im Kleinkind, die eingesetzt werden, um »einem paranoiden Zustand, den es nicht zu bewältigen vermag«, zu entfliehen, und bezeichnete in der gleichen Arbeit die mit der Manie verbundene Omnipotenz als ein wesentliches Mittel zum Zweck der Kontrolle und Beherrschung von Objekten.

Ein ganzes Bündel von Abwehrvorgängen (Manie, Allwissenheit, Omnipotenz, Verleugnung, Bagatellisierung, Verachtung und Spaltung) fasste sie in einer »*manischen Position*« (S. 60) zusammen. Sie betrachtete dies als Teil der normalen Entwicklung. Die Manie vermittelt das Gefühl, »Objekte unter seine Kontrolle gebracht zu haben« (S. 72).

Psychisches Wachstum (Klein)

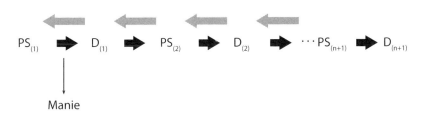

Meiner Ansicht nach hat Hanna Segal an der Wichtigkeit eines Raumes, in dem manische und omnipotente Einstellungen dominieren, immer festgehalten. In ihrer Arbeit über das Werk von Melanie Klein hat sie 1964 den manischen Abwehrmechanismen ein eigenes Kapitel gewidmet (Segal 1962, S. 111–121).

Den Prozess der Aneignung von Neuem hat Ron Britton in seinem Aufsatz *Vor und nach der depressiven Position $Ps_{(n)} \Rightarrow D_{(n)} \Rightarrow Ps_{(n+1)}$* (Britton 2001, S. 95–111) als einen Zyklus beschrieben, dem eine progressive und regressive Bewegung innewohnen kann. Psychisches Wachstum fasst er in folgender Formel zusammen: $Ps_{(n)} \Rightarrow D_{(n)} \Rightarrow Ps_{(n+1)} \Rightarrow \ldots D_{(n+1)}$.

Zyklisches psychisches Wachstum (Britton)

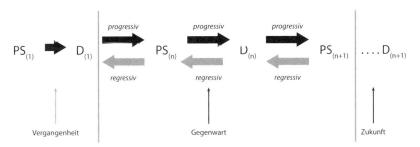

In dieser Auffassung ist »die depressive Position von gestern [als progressive Errungenschaft, R. R.] die Abwehrorganisation von morgen« (insofern sie sich gegen das Zulassen neuer Unsicherheit richtet). Meines Erachtens gibt es aber eine Reihe von Patienten, die sozusagen in diesem Stadium verharren, und aus diesem Grunde denke ich, dass es Sinn machen könnte, dieser Position des Übergangs eine größere Eigenständigkeit zuzugestehen.

Hanna Segal (1997) beschrieb »zwei Patiententypen, bei denen die manische Wiedergutmachung ein besonderes Problem darstellt« (S. 189). Die eine Gruppe ist dadurch gekennzeichnet, dass die »*gesamte* Lebenssituation von einem manischen Abwehrsystem abhängig zu sein scheint, mit der manischen Wiedergutmachung als dessen *beständige* Eigenschaft« (S. 189); bei der anderen stelle sich die manische Wiedergutmachung als das Resultat einer Besserung heraus, »die es dem Patienten gestattet, langsam aus der paranoid-schizoiden Position hervorzukommen« (S. 191).

In der ersten Gruppe sind Patienten, die sich sozusagen permanent in einer Art Zwischenwelt aufhalten, die sie zeitweise in die eine (D) oder die andere (PS) Richtung verlassen bzw. sich ihr zuwenden, um aber sofort wieder in diese Zwischenwelt der omnipotent-manischen Kontrolle zurückzukehren. Diese Zwischenwelt der omnipotent-manischen Position kann sich auf sehr primitivem Niveau abspielen, dann ist sie sozusagen sehr nahe, manchmal sogar fast ununterscheidbar nahe an die paranoid-schizoide Position gebunden, sie ist aber auch in hoch artifizieller Weise anzutreffen, fast mit der Position D identisch, wie wir uns künstlerisch-kreative Vorgänge vorstellen können.

Wiedergutmachung selbst ist an sich kein Abwehrmechanismus, er hat seine Basis in der Liebe zum Objekt und ist mit dem Wunsch verbunden, diese Liebe wiederherzustellen, wenn sie durch eigene aggressive Akte angegriffen wurde. So gesehen trägt dieser reparative Drang zur Entwicklung der Stärke des Ichs und seiner Objektbeziehungen bei. Davon zu unterscheiden ist eine Situation, in der Wiedergutmachungstendenzen zu Abwehrzwecken benutzt werden. Segal schreibt: »Manische Tendenzen in der Wiedergutmachung hingegen zielen auf die Verleugnung von Schuld und Verantwortung ab, sie beruhen auf einer omnipotenten Kontrolle des Objekts.« (S. 189) Auch an dieser Stelle sieht Hanna Segal eine sehr enge Verbindung von manischen und omnipotenten Abwehrvorgängen, indem sie herausstellt, dass manische Wiedergutmachung immer von Allmacht und Allwissen begleitet sein muss, denn das Ziel dieser manischen Wiedergutmachung ist es, die Wahrnehmung einer Getrenntheit zwischen Ich und Objekt nur unter der Bedingung zuzulassen, dass das vom Ich getrennte Objekt unter der totalen Kontrolle des Ichs steht.

Omnipotenz und Manie sind nicht nur Abwehrleistungen, sondern auch eigenständige Positionen psychischen Funktionierens. Als omnipotent-manische Position (OM) bezeichne ich einen Funktionsmodus, bei dem das Individuum durch Zuhilfenahme von bestimmten Abwehrleistungen (die in Qualität und Quantität variieren können) einen Gleichgewichtszustand zwischen dem Funktionsmodus PS und dem Funktionsmodus D erreicht hat und aufrecht erhalten möchte.

Die omnipotent-manische(n) Position(en)

Der manisch-omnipotente Funktionsmodus dient
a) der Loslösung vom paranoid-schizoiden Funktionsmodus,
d. h. der Weiterentwicklung im Sinne einer Progression;
b) als Abwehr gegen Ängste,
die mit dem depressiven Funktionsmodus verbunden sind,
d. h. einer Entwicklungshemmung;
c) der Loslösung vom PS Funktionsmodus
der einem D Funktionsmodus folgt.

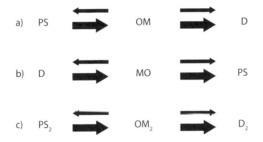

Bion (2006, S. 141f.) hatte den Zustand PS mit Geduld und den Zustand D mit Sicherheit gekennzeichnet. Der Zustand OM wäre dann ein Zustand, in dem einerseits Geduld nicht mehr nötig ist und Sicherheit noch nicht erreicht wäre. Kontrolle oder Beherrschung könnte diesen Zustand beschreiben.

Im Dauerzustand der Kontrolle weiß ich, was ich zu kontrollieren habe, bin aber noch nicht ausreichend sicher, ob meine Kontrollmaßnahmen zu einem befriedigenden Ziel führen, weshalb ich sie immer weiter aufrechterhalten und verbessern muss.

Des Weiteren würde ich gerne Brittons Auffassung, psychische Entwicklung vollziehe sich zyklisch, dahingehend ergänzen, da es sich nicht um einen quasi linearen Fort- oder Rückschritt handelt, sondern dass progressive und regressive Entwicklung voranschreitet im Sinne einer Spirale (Meltzer, 1995, S. 175ff.).

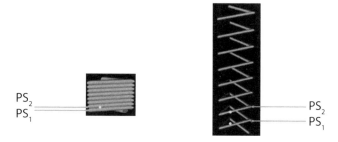

Stellt man sich eine solche Spirale als eng zusammengedrückt vor, hätte man das Bild einer langsamen Entwicklung vor sich, die unter Umständen wie ein Stillstand anmuten kann. Das Zyklische in der Entwicklung wäre dadurch gekennzeichnet, dass nach einer Umdrehung der Spirale ein Punkt erreicht wird, der dem Punkt davor und dem danach fast gleich ist.

Eine Fähigkeit spielt im Zusammenhang mit der omnipotent-manischen Position (OM) eine besondere Rolle, nämlich die Fähigkeit, Objekte der äußeren Welt in unserer inneren Welt zu repräsentieren, Symbole zu bilden (Klein 1930). Hanna Segal (1950, 1957) hat als eine Vorstufe zur reifen Symbolisierung die symbolische Gleichsetzung beschrieben.

Die Fähigkeit, solche Präsymbole zu bilden, ergibt sich aus der Notwendigkeit, ein inneres Bild von einem äußeren Objekt *in dessen Abwesenheit* zu gestalten, um es kontrollieren zu können. In einem ersten Schritt sind solche Objekte von dem Objekt, welches sie symbolisieren sollen, unterschieden, werden aber mit ihm gleichgesetzt. So werden zum Beispiel Teddybären oder Puppen von kleinen Kindern oft nicht wie Spielzeuge behandelt, sondern sie *sind* lebendige Wesen und werden auch als solche

Omnipotenz, Manie und Symbolbildung

Symbol – Prä-Symbol

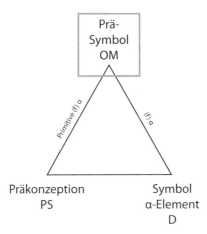

behandelt. Gleichzeitig aber repräsentieren sie zum Beispiel die Mutter, Geschwister oder sich selbst.

Präsymbole sind Vorstellungsbilder, die einen kontradiktorischen Widerspruch in sich vereinigen und deshalb sozusagen immer auf der Kippe stehen. Einerseits sind sie vom Objekt, welches sie symbolisieren sollen, different, andererseits mit ihm identisch. Solche Symbolvorläufer, Repräsentanten erster Ordnung, sind uns im kulturell-gesellschaftlichen Leben durchaus alltäglich bekannt. Die Repräsentanz einer Niederlassung einer Firma im Ausland ist mit der Ursprungsfirma identisch und doch different; die Hostie »ist« der Leib Christi und die Einverleibung ist der konkrete Akt einer oral-inkorporierenden Identifikation mit dem Ziel, einen Teil des »guten Objekts« in sich zu haben, zu besitzen und deshalb so zu sein wie der inkorporierte Teil. Die Hostie, die man isst, ist Jesus Christus.

Symbolische Gleichsetzungen sind zentral im omnipotent-manischen Zwischenraum, denn sie erfüllen die Bedingung, dass ein Objekt erstens als vom Ausgangsobjekt getrennt angesehen werden kann, aber mit ihm gleichzeitig auch gleichgesetzt ist.

Symbolische Gleichsetzungen sind psychische Leistungen, die die Trennung vom Objekt aushaltbar machen unter der Bedingung, dass sie mit dem abwesenden Objekt gleichgesetzt werden. Abwesende Objekte können so omnipotent anwesend gemacht werden und damit wird die Angst vor den mit der Trennung verbundenen Angstzuständen gemildert.

In meinem ersten Fallbeispiel beschäftige ich mich mit einem Zustand omnipotent-manischer Kontrolle bei einem psychotischen Patienten, dessen Krankenakte im Bezirksklinikum Regensburg aufbewahrt ist.

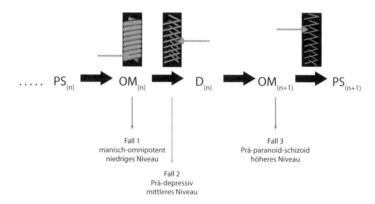

Fall 1
manisch-omnipotent
niedriges Niveau

Fall 2
Prä-depressiv
mittleres Niveau

Fall 3
Prä-paranoid-schizoid
höheres Niveau

Das zweite und dritte Fallbeispiel zeigt den Zustand omnipotent-manischer Kontrolle im Rahmen einer hochfrequenten Analyse.

Erster Fall

Josef Forster hatte 1916 einen psychischen Zusammenbruch erlitten, während dessen er halluzinierte, dass ihm eine Gestalt vor seinem Bett erschienen sei und er anschließend bemerkt habe, dass aus seinen Augen Feuer trete. Um diesen unerträglichen Zustand zu beenden, habe er den Kopf an die Wand geschlagen und bemerkt, dass sich im Körperinneren Schleim löse. Nach 40 Tagen habe er das Gefühl gehabt, er sei ein Geist. In der Folge wurde er in die Psychiatrie eingewiesen.

Später verfasste er dort autobiografische Notizen und wir erfahren im Sinne einer Deckerinnerung: »Ich war ein Kind mit ca. 7 Jahren in einem kleinen Bettchen, da war es mir als ginge die Tür von selbst auf, ging ein erwachsener Mann ging mit starren Augen zu mir heran und wieder hinaus lautlos, ich lag in Angst und Schweiß.«

In der Folge entwickelte er ein omnipotent-manisches System, in welchem er Gedanken formulierte und Objekte produzierte, mit denen er die Ängste in seinem Inneren zu bekämpfen versuchte. So erfand er zum Beispiel einen »Kopfdruckapparat« und einen »Samenring«.

Abb. 1

Sich selbst diagnostizierte er eine »GeistesKatharSchleimkrankeit« (Forster o. J., S. 14.) und erfand gleichzeitig deren Heilung. Er tat dies einerseits durch die erwähnten Apparate und zum anderen durch eine Theorie, in der er in immer exzessiverer Weise versuchte, eine Trennung zwischen sich und der äußeren Welt zu verleugnen und an die Stelle ein omnipotent-manisches, sich aus sich selbst erneuerndes System zu setzen.

In ihrer Arbeit *Eine Anmerkung zu den inneren Objekten* (1972) beschreibt Segal die Behandlung einer präpsychotischen Patientin, die, als sie sich depressiven Gefühlen näherte, diese durch konkrete urethrale und anale Fantasien abzuwehren versuchte. Ausgehend von einer aktuellen Verstopfung, die mit einer Anforderungssituation in der Realität und in der Übertragung mit dem Konflikt verbunden war, wie sie mit den Deutungen ihrer Analytikerin umgehen soll, erinnerte sie einen »Dampfpudding« aus ihrer Kindheit, denn so nannte sie den Kothaufen in ihrem Nachttopf. D. h., sie idealisierte die zunächst aufgenommene, gute Deutung ihrer Analytikerin, die damit aber verschwunden war und in ihrem Inneren zunächst im Kot verwandelt wurde, den sie dann in ein »Verbindungsobjekt«, in einen Kot-Pudding verwandelte. Mit diesem Objekt, einer symbolischen Gleichsetzung, hatte sie erstens die totale Kontrolle und zweitens eine Verbindung zwischen einem guten Objekt (Pudding) und einem entwerteten Objekt (Kot) hergestellt.

Josef Forster entwickelte eine schwere Symptomatik, in der er seine Körperausscheidungen in Nahrungsmittel umwandelte, in der wahnhaften Fantasie, dadurch Wertloses zu Wertvollem umgewandelt zu haben. Er erfand u. a. den »Samenring«, der Sperma in Gedanken verwandelte, backte Kuchen und Plätzchen aus Kot und Urin. Dies stand im Zusammenhang mit Problemen, die er in seiner Sexualität hatte, insbesondere mit der Selbstbefriedigung. Nach einer Zeit beruflichen Erfolgs (D) hatte er den Wunsch, zu heiraten, verliebte sich (D_{n+1}) und erlebte seine nächtlichen Samenergüsse dermaßen beängstigend, dass er Versuche unternahm, durch Kopfdrücken und Zähneklappern die Pollutionen zu unterdrücken und den Samen in sein Körperinneres ablaufen zu lassen ($D_{n+1\ path}$) → ($PS_{n+1\ path}$).

Segals berühmter Patient Edward reagierte auf unerträgliche Gedanken mit »Augenübungen«, die ihm eine omnipotente Kontrolle zurückgeben sollten (Segal 1950, S. 147).

In der Psychiatrie eskalierte für Forster die Situation und provozierte mit immer exzessiveren Handlungen, um sein psychisches Gleichgewicht wiederherzustellen. Er begann, sich im Sinne einer prägenitalen regressiven Verschiebung immer intensiver mit seinen Körperausscheidungen zu beschäftigen. Einerseits gelang es ihm damit, die ursprünglich zentrale Bedeutung der mit der Onanie verbundenen Schuldgefühle sozusagen durch Aufspaltung abzumildern, andererseits verschärfte sich das aufgespaltene Phänomen an nunmehr verschiedenen Stellen. Zunehmend geriet ein Konglomerat von genitalen, urethralen, analen und oralen Ausscheidungen in seinen Fokus und zur Onanie gesellte sich die anale »Aftermassage«.

Die Bedeutung des Kots ist in der psychoanalytischen Literatur vielfältig beschrieben. In *Anmerkungen zur Symbolbildung* spricht Segal über die Bedeutung von Veränderungen in den symbolischen Beziehungen, die durch die Einstellung des Patienten zu seinem Kot in Erscheinung treten. Auf der schizoiden Ebene ist der Kot ein verfolgendes böses Objekt, auf der depressiven Ebene kann das vom Ich zerstörte böse Objekt wiedererschaffen werden und dann kann der Kot durchaus als etwas kreatives und produktives, vom Ich geschaffenes empfunden werden. Er wird dann zum Symbol der guten Brust und zum Symbol eines guten Produkts des Ichs und seiner Kreativität. Dies ist eine Vorbedingung dafür, dass diese positive Symbolbedeutung später auf andere Substanzen in der äußeren Welt projiziert werden kann, zum Beispiel auf Farbe zum Malen oder Ton zum Töpfern (Segal 1957, S. 83).

Beobachtungen an Kleinkindern zeigen, dass es ursprünglich eine Abneigung gegen den eigenen Kot gibt, aber gleichzeitig einen Stolz auf die Fähigkeit, ihn produziert zu haben oder ihn im Körper durch zunehmende Beherrschung der Aftermuskulatur kontrollieren zu können (Heimann 1961/2b).

Meltzer (1965) unterscheidet als Folge einer Identitätsverwirrung die Verwechslung von Brust und Gesäß der Mutter mit zwei Folgen: Die Idealisierung der Faezes als Nahrung und die projektiv-wahnhafte Identifizierung mit einer inneren Mutter, bei der der Unterschied zwischen Kind und Erwachsenem getilgt ist. Forsters omnipotentes Selbstregulierungssystem garantiert ihm die Aufrechterhaltung einer Mutter/Madonna/Kind-Einheit. Folgerichtig stellt er das Ziel seiner Gedanken und Versuche in den Rang einer »Wiedergeburt«.³ Geboren wird er als »Edelmensch« (Forster o. J., S. 1) »mit allmächtigem Wissen und Können« (S. 34). Ein detailliert erläuterter und zeichnerisch dargestellter Kreislauf,⁴ der »Samenring«, aus Sperma, Schleim und anderen Exkrementen bewirke eine fortschreitende Erneuerung und Vervoll-

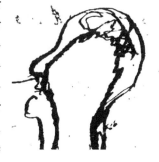

Abb. 1 Ausschnitt

---

³ Die er auch als Idee von der Erhaltung des Lebens durch Liebe bezeichnet, weshalb er auch seine Exkremente esse (Forster o. J., S. 4).
⁴ KA S. 23 Transkription: Oben: Kopfklemmfederband; Links: Kopfdruckhalter; Rechts: der Samenring der durch Nase und Zähne laufen muss laufend unsterblich stehend Verblödung.

kommnung des Menschen; die Exkremente steigen so z. B. auch in das Gehirn hinauf und machen dieses »fleißig«.[5] In Erweiterung dieses Kreislaufes auf andere Menschen und dann auch auf die gesamte Menschheit könnten auch die Brüste der Frauen auf diese Art und Weise zur kontinuierlichen Milcherzeugung verwendet werden und der Milchknappheit abhelfen. Ein Hinweis auf eine ganz frühe Angst, die Milch seiner Mutter könnte ihn nicht ausreichend ernährt haben (Rumpeltes 2011).[6]

Es gibt aber noch eine weitere, für das Leben des Patienten wichtige Entwicklung, in der er weniger psychotisch war: Noch vor seiner Einweisung hatte er die Malerei für sich entdeckt und sich auf der Grundlage seines Berufs weitergebildet. Insbesondere Madonnendarstellungen faszinierten ihn. 1921, in der Psychiatrie, malte er eines seiner Schlüsselwerke, *Das blaue Wunder der Natur*.

Abb. 2

---

[5] KA S. 3 Eintrag vom 18. Januar 1918.
[6] KA S. 3 Eintrag vom 15. Januar 1918.

Dieses Bild zeigt die Angstsituation und ihre kreative, nicht psychotische Lösung. In einem dunklen Zimmer sehen wir in einem Bett eine liegende Figur, die ihre Arme ausstreckt, und an der gegenüberliegenden Wand erscheint eine Madonna im Strahlenmantel. Was er zeichnet, ist jetzt konkret vor seinen Augen und vom ihm erschaffen – er ist nicht mehr allein.[7] Das gezeichnete Bild ist gleichgesetzt mit der guten Mutter, die ihn tröstet. In der Folge erfüllt das Zeichnen überhaupt diese Funktion.[8]

Der »Einriss in der Beziehung des Ichs zur Außenwelt« (Freud 1924, S. 389) bei Josef Forster zeigt, dass seine Fähigkeit, Symbole zu bilden und adäquat mit ihnen umzugehen, zeitweise gravierend gestört ist. Die psychotische Persönlichkeit weicht der Realität in halluzinatorische Orte des Rückzugs omnipotent aus (Steiner 1998). Ausgelöst durch sexuelle Probleme auf dem Boden einer frühen Kontaktstörung zur Mutter[9] kann man diese Störung verstehen als ein beständiges Hin- und Herschwanken zwischen der Anerkennung der Welt der realen Objekte und einem Rückzug in eine omnipotente Innenwelt, in der kein Verlust zu betrauern ist.

Diese von Segal (1999, S. 49) als »prädepressive Konstellation« bezeichnete omnipotent-manische Position des Hin- und Herschwankens ist

---

[7] »Oft stand ich Nachts am Fenster und sah zu den Sternen empor sehnsüchtig und weinte mit traurigem Herzen.« (Forster o. J., S. 17)

[8] Vgl. Klein, M. 1929a. Klein hat in dieser Arbeit gezeigt, wie die Arbeitshemmung einer Malerin verschwand, als sie ihrer Depression, repräsentiert durch die leere Stelle an der Wand, wo ein Bild hing, überwinden konnte, indem sie ein neues Bild auf der Tapete schuf und so die Leerstelle konkret und symbolisch ausfüllte.

[9] Die Beziehungen zu seiner Mutter und zu einer älteren Schwester sind sehr idealisiert und deshalb auch besonders gegen jedweden kritischen Einwand von außen oder innen abgeschirmt. Die Mutter taucht in seinen Schilderungen als eine ausschließlich gute und sich aufopfernde Frau auf, eine Reaktionsbildung gegen aggressive Regungen. Dies ist zu vermuten, weil er in einem emotional kargen Milieu lebte, in dem mehrere Geschwister die Zuwendung der Mutter nötig hatten. In seiner autobiographischen Notiz heißt es: »Ich bin der 10 von 13 nur mit lauter Überwärme konnte man mich am Leben erhalten ich hatte eine Herzensgute Mutter und sie brachte mich durch.« (Forster o. J., S. 27) Es ist nicht unwahrscheinlich, dass auch reale Hungererfahrungen in frühester Kindheit die pathologische Entwicklung zusätzlich begünstigt haben.

zwar schon kommunikativ auf ein drittes aufnehmendes Objekt ausgelegt, was man daran erkennen kann, dass Forster überzeugen will, Mitteilungen macht, Diskussionen mit seinem System einfordert, aber sein schwaches Ich kann mit den Reaktionen der Außenwelt nicht angemessen umgehen.[10]

Verleugnung von sexueller Identität und generationaler Abfolge[11]

Am Ort seines Rückzugs kann er sich selbst immer wieder neu erschaffen und seine Wiedergeburt betreiben. Gleichzeitig kann er damit auch Generations- und Geschlechtsunterschiede verleugnen. Im Prozess der Nahrungsmittelproduktion, deren Ausscheidung und seiner Wiederherstellung als nahrhafte Substanz, ist er Mann, Mutter und Baby zugleich in ein und derselben Zeit. Er verleugnet zusätzlich auch die Anerkennung einer hilfreichen elterlichen Beziehung, insbesondere den elterlichen Geschlechtsverkehr.

Wechselwirkung zwischen präsymbolischem und symbolischem Funktionieren

Ich hatte gesagt, Forster sei durchaus fähig, Symbole zu bilden, könne sie aber nicht adäquat anwenden. Das Versagen der Symbolbildung und ihres adäquaten Einsatzes ist also nicht vollständig.[12] Er ist fähig, künstlerisch wertvolle Arbeiten zu gestalten.

Seine ausdrucksstarken Anstaltsportraits (Abb. 5 und 6) sind geschätzt und anerkannt. In ihnen wird deutlich, dass er zeitweise fähig ist, sich empathisch in andere hineinzuversetzen, deren Eigenheiten zu erspüren und das Ergebnis seines Einfühlungsvermögens gestalterisch umzusetzen. Die

---

[10] Eintrag vom 21. Mai 1918. Dort heißt es: »... wird außerordentlich heftig, wenn Ref. gegen die ganz u. gar wahnhafte Aussage Bedenken äußert« (Forster o. J., S. 3).

[11] Ich danke Hanna Segal herzlich für diesen Hinweis.

[12] In einem Eintrag vom 1. Februar 1921 heißt es: »sonst in jeder Hinsicht ruhig und geordnet.« (Forster o. J.), s. a. ähnliche Einträge in der Krankenakte vom 10. Juli 1918, 2. September 1918, 27. November 1918, 30. März 1990, 1. Juni 1920, Februar 1925, 8. Juli 1995, 20. Juli 1929, 18. Mai 1930,17. März 1932, 20. März 1936, 26. Mai 1936, 8. Oktober 1936, 7. März 1940,4. April 1941.

Abb. 3   *Abb. 4*

ausdrucksstarke plastische Modellierung unter gekonnter Zuhilfenahme von Licht- und Schatteneffekten ist für diese Zeit (um 1920) bemerkenswert modern. Forster funktioniert auf dem Niveau der depressiven Position, denn er fühlt nicht zum Zwecke der Evakuation etwas aus seinem Inneren projektiv in einen anderen hinein (primäre »Ein-fühlung«), sondern er kann seine empathische Wahrnehmung in den Dienst einer möglichst umfassenden Erkenntnis des Objekts stellen (sekundäre Einfühlung).

Abb. 5   *Abb. 6*

Auch seine Selbstportraits sind keine verzerrten Objekte, was die oben genannte Vermutung bekräftigt, dass er diese Portraits und auch sich selbst im depressiven Funktionsmodus zeichnete. Das heißt auch, dass er durchaus zu einer malerischen, nicht psychotischen »Selbstreflexion« fähig war und sie kommunizieren konnte.

In der Zusammenstellung sieht man beide MO-Gestaltungsmodi: sowohl die Anstrengung, ganz im Innern des eigenen Kopfes zu sein und dort für einen Zusammenhalt zu sorgen (MO in Richtung PS), aber auch sein Selbstbild so gestalten, dass es mit dem Beobachter intensiven und emotionalen Kontakt aufnimmt (MO in Richtung D).

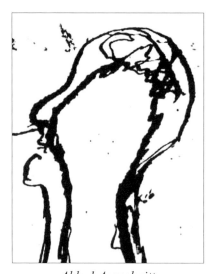 

Abb. 1 Ausschnitt   *Abb. 5*

Zweiter Fall

Frau B., einzige Studentin eines sehr ausgefallenen Studienfaches, kam mit Arbeitsstörungen und einer depressiven Symptomatik, die sich in Suizidgedanken und sozialem Rückzug zeigte, zur psychoanalytischen Therapie. Das hervorragende Merkmal in der Anfangsphase war, dass sie fast nicht sprach, voller Angst schien und gleichzeitig große Hoffnungen an die Therapie und den Therapeuten äußerte. Nie konnte sie die Stunde beginnen, saß auf der Kante des Sessels und fixierte mich mit großen Augen und suchendem Blick erwartungsvoll. Es war zu spüren, dass sie hin und wieder versuchte, etwas zu sagen, etwas aus sich herauszubringen. Dann bewegten sich die Lippen, sie knetete ihre Hände, sie errötete und ihre Halsschlagader pulsierte heftig. Meistens misslangen ihre Versuche, und sie sank resigniert in sich zurück und begann erneut, mich zu fixieren. In der Gegenübertragung konnte ich deutlich die enorme Angewiesenheit auf mich und das, was sie dachte, was ich ihr geben bzw. sagen könnte, spüren. Es war eine schwierige Situation für mich, immer wieder zu versuchen, anzusprechen, was gerade in ihr vorgehen könnte, denn ich war weitgehend auf ihre körperlichen Signale angewiesen. Langsam, nach ca. sechs Monate langem Schweigen, begann sie, hin und wieder über ihre Angstträume zu sprechen, in denen sie von furchterregenden Monstern verfolgt wurde, die nachts in ihr Zimmer drangen und sie dort angriffen oder zerteilten. Dies versetzte sie derart in Panik – sie erlebte die Monster so konkret –, dass sie, als sie aus ihren Träumen aufwachte, nicht in ihrem Bett bleiben konnte, sondern stundenlang durch die Stadt laufen musste, bis die Helligkeit die Monster vertrieb. Als letztes Mittel half ihr oft nur, sich mit einer Rasierklinge tief in den Bauch zu schneiden, als könne sie die Ungeheuer/ bösen Objekte durch diesen Schnitt entfernen und ganz konkret aus sich heraustrennen. Wegen der Konkretheit der Monster sah sie auch gar keinen Sinn darin, über diese Träume zu sprechen, denn sie hatte ja die Erfahrung gemacht, dass sie davon wieder erschienen und sie erneut konkret bedrohten. Diese Träume sollten einfach »nur weg« sein, verschwinden. Es ist klar, dass auch ich in der Übertragung zu einem Monster wurde, schon allein dadurch, dass ich sie zum Sprechen aufforderte.

Die zunehmend beruhigende Erfahrung, in meiner Anwesenheit zu reden und zu sehen, dass die Träume zusammen mit meinen Bemerkungen über eine möglicherweise andere Bedeutung der Monster auszuhalten waren, führte sie zu ihren frühen Lebensmonaten, in denen sie von der Mutter verlassen wurde. Sie brachte in Erfahrung, dass die Mutter sie ab dem Alter von drei Monaten über lange Stunden unversorgt gelassen hatte, denn sie habe als Lehrerin eine neue Klasse in ihrer Internatsschule übernommen, was ein datiertes Foto beweise. Wer sie versorgt habe, wisse sie nicht.

Eine Schlangenphantasie (einige Monster nahmen die Gestalt von Schlangen an) konnte sie des Weiteren mit sexuellen und aggressiven

Phantasien über einen Onkel in Verbindung bringen und sich erinnern, dass sie, neunjährig, als die Mutter erneut schwanger war, ein Messer geschenkt bekam, mit dem sie ohne Angst Fischen den Bauch aufschneiden konnte und das sie bis heute stetig bei sich trage.

Ich denke, sie hatte sich einer depressiven Situation angenähert, in der die Bewältigung von Gefühlen der Wut und des Hasses nicht bearbeitet werden konnten. Hintergrund war die Erfahrung, dass die frühe Trennung von der Mutter zu früh und zu lange war. Vermutlich war dies auch emotional gleichgesetzt mit dem Gefühl, einem stechendem Hungergefühl im Bauch alleine gelassen zu werden. Mit der Erinnerung an das geschenkte Messer war sie auch erstmals mit ihrer eigenen Aggression konfrontiert, die sich gegen den Bauch des Fisches/der Mutter richtete, die schwanger war und somit mit einem anderen Objekt in ihrem Bauch beschäftigt war und nicht mit der Zuwendung und Versorgung der Patientin. In den Bereichen der Phantasie, der Erinnerung und der Realität kehrten die von ihr angegriffenen Objekte als Monster, Onkel, Analytiker wieder und mobilisieren eine Vergeltungsangst in einem Ausmaß, das der eigenen Aggression entsprach.

Die folgende Stunde soll dies verdeutlichen. In der Stunde davor, die die letzte in der Woche war, träumte sie: *Ich bin alleine in einem Zimmer, liege im Bett und schlafe. Dann ist ein Mann gekommen und hielt mir Augen und Ohren zu. Er brachte mich weg und dann schnitt er mir mit dem Messer den Bauch auf. Ich konnte es richtig spüren. Ganz viel Blut. Dann schnitt er immer höher bis zum Herz. Er schnitt das Herz heraus, und ich konnte hören und spüren, wie er es auffrisst.*

In der Stunde sagte sie dann, sie wolle weiter über den Traum sprechen, was noch alles dazu gehöre. Da sei nämlich noch etwas ... (sie stockt) ... *ein Haus am Meer hinter einem Damm*, das sie kenne, der Onkel wohnte in einem solchen Haus. Dann sagt sie nach einer Pause, fast überrascht über sich selbst: »Ich glaube, ich könnte ihn umbringen, aus lauter Hass und Rache.« Aber sie wisse gar nicht warum, sie wolle ihm aber so richtig wehtun. Dann schwieg sie lange. Ich, der ich mich durch sie und ihr Schweigen so oft wie angegriffen fühlte, weil sie mich dadurch als Analytiker sozusagen umzubringen drohte, brachte ihre Bemerkungen mit der Therapiesituation in Verbindung und sagte: »Ich musste während ihres Schweigens an unsere Situation hier denken, insbesondere wie quälend es hier manchmal ist. Als fühlten sie sich von mir – wie von dem Mann aus ihrem Traum – gequält, aufgefordert zu sprechen, und als würden sie mich deshalb hassen müssen, was sich dann darin ausdrückt, dass sie mich quälen, indem sie oft so lange unerträglich schweigen. Dann kann jede Hoffnung verschwinden, dass ich sie verstehen könnte.«

Auf meine Deutung reagierte sie so, dass sie mich wie entgeistert anstarrte, die Beine an sich zog und mich mit angstvoll aufgerissenen Augen anstarrte und kein Wort mehr sagen konnte. Ich sagte, dass ich den Eindruck hätte, dass sie im Augenblick große Angst habe, worauf sie sagen konnte, dass es viel schlimmer sei als Angst, es sei so, als wenn man vor einem Monster sitzt und im nächsten Augenblick aufgefressen wird. Ich sagte, dass ich vermuten würde, dass dies in dem Augenblick passiert sei, wo ich mich und die Situation hier in Verbindung gebracht hätte mit ihrem Traum und ihrer Erinnerung an den Onkel, was sie mit einem Nicken beantwortete, und dass dann für einen Moment unklar war, wer wer sei. Sie habe wohl gedacht, ich sei wirklich wie der Monsteronkel und könnte mich auch so verhalten. Sie konnte dem mit einem Kopfnicken zustimmen. Dann war die Stunde zu Ende.

Im Anschluss an diese Stunde änderten sich ihre Träume zunehmend und sie konnte zunächst, die Monster in böse und gute Monster in Gestalt von roten und blauen Schlangen aufspalten, die sich in einer darauf folgenden Traumserie zu einem blau-roten Schlangenknäuel verbanden, welches dann eine neue Form und Gestalt annahm und gar keine Schlange mehr war und auch keine Panik mehr auslöste. Am Ende strickte sie sich eine blau-rote Schlange, die sie zur Beruhigung am Kopfende ihres Bettes nachts begleitete.

Ich denke, dass die Patientin in ihren Angstträumen den Monstern alle reifen symbolischen Bedeutungsebenen entzog und sie gleichsetzte mit einem Bündel von nicht verarbeitbaren Erinnerungen, Gefühlen und Objekten. Das Monster *war* die Mutter, der Onkel, das Gefühl, allein und verlassen zu sein. Es war zunächst auch der Analytiker. Erst als sie sich mit der Hilfe meiner Einfühlung entängstigen konnte, repräsentierten und symbolisierten die Monster etwas und waren nicht mehr konkrete Dinge. Sie wurden zu Symbolen. Dann konnte sie auch darüber nachdenken, anstatt sie vernichten zu müssen.

Für sie ist klar: Das Monster war eine Bedrohung. Was aber ist es, was bedroht war? Ich denke, bedroht war ihr psychischer Rückzugsort und insofern war das Monster im Traum auch immer eine Bedrohung ihrer Abwehr. Aus ihrer Sicht hatte sie mit Hilfe manischer Verleugnung die Angst vor den Monstern dadurch in den Griff bekommen, dass sie die omnipotente Phantasie entwickelte und auch danach handelte, sie könne durch Flucht, ihr »Laufen durch die Stadt« die bösen Geister vertreiben (oder durch den Schnitt in den Bauch). Eine für sie wichtige Beruhigung, die die Analyse aber bedrohte, denn sie erlebte mich zunächst als jemanden, der ihr diese omnipotent-magische Lösung wegnehmen wollte. Denken zu müssen, was bis dato nicht zu denken war, war wie ein Monster, das ihre bisherige Existenz in Frage stellte.

Dritter Fall

Herr S. stellte mich vor große behandlungstechnische Schwierigkeiten, weil ich in der Gegenübertragung eine große Neigung verspürte, mich in eine verführerische Welt hineinziehen zu lassen und damit den destruktiven Charakter seiner Omnipotenz zu verleugnen. In dieser Behandlung habe ich die Erfahrung machen können, wie verführerisch es in der Gegenübertragung für den Analytiker sein kann, dem zu folgen, was Hanna Segal als »acting on phantasy« bezeichnete.

Bei dem Patienten hatten omnipotent-manisches Verhalten und Denken ursprünglich die Funktionen, frühe Trennungen und innere Zerrissenheit in Überlegenheit umzuwandeln. Nach Zusammenbrüchen stand seine Omnipotenz aber immer in ausreichend fester Verbindung zu stabilen Ich-Funktionen und gestattete dem Patienten eine zwar immer prekäre, aber immerhin nicht stagnierende Entwicklung.

Im ersten Telefonat gefiel mir sehr die tiefe und sonore Stimme, und ich stellte mir einen älteren, väterlichen Mann vor, der in mir die Fantasie eines bärtigen Seemannes hervorrief. Sie können sich vorstellen, wie überrascht ich war, als ich in der Tat einen älteren, kräftig gebauten weißhaarigen bärtigen Mann vor mir stehen sah. Im Erstgespräch berichtete er mir von psychosomatischen Beschwerden im Magen-Darm-Trakt, Schlafstörungen und insbesondere von seiner schwierigen Situation zwischen seiner Frau und seiner Geliebten. Er sah dies in Verbindung mit seiner Lebensgeschichte. Aus schwierigen und zerrissenen Verhältnissen hat er sich durch Ehrgeiz und Anstrengung in eine beruflich sehr verantwortungsvolle Führungsposition hocharbeiten können, blieb aber in seinen Beziehungen immer hin- und hergerissen. Hin und wieder kämpfte er mit Suizidgedanken. Ohne es zu wollen wiederholte er offensichtlich unbewusst eine nicht zu vereinbarende Diskrepanz zwischen beruflichen Erfolg und privatem Unglück, welches er aus seiner Herkunftsfamilie kannte. Die Behandlung dauerte insgesamt vier Jahre und endete damit, dass der Patient in sehr kreativer Weise seine Erfahrungen in der psychoanalytischen Begegnung mit mir in einen Kriminalroman einfließen ließ, der auch ein Roman über seine Analyse und über seine Lebensgeschichte war und außerdem als Segelhandbuch zu benutzen ist.

Bis es dahin kommen konnte, mussten wir aber eine Reihe von schwierigen Konstellationen durcharbeiten. Am Anfang unserer therapeutischen Arbeit stand seine omnipotente und manische Seite ganz im Vordergrund, und er verführte mich dazu, bewundernd und andächtig seiner Lebensgeschichte und seiner vielfältigen Abenteuer, die er bisher erlebt hatte, zu lauschen. Er war wie ein Held, der schwierigste und gefährlichste Abenteuer immer wieder bravourös meisterte und es immer fertig brachte, als Gewinner, Sieger oder Profiteur aus schwierigsten Verhältnissen hervorzugehen beziehungsweise durch innere Uminterpretationen Niederlagen in Siege zu verwandeln. Und das alles atemlos und ohne jegliche Schonung seiner Kräfte.

Seine Lebensgeschichte ist angefüllt mit zerrissenen, aber auch omnipotenten und manischen Persönlichkeiten und Situationen und seiner unbewussten Identifikation mit ihnen. Sie ist auch sehr komplex und eine Darstellung kann hier nur in einer knappen Zusammenfassung erfolgen. Danach ist der Patient von seinen Großeltern aufgezogen worden, die er für seine Eltern hielt, weil seine Mutter in der Zeit des Nationalsozialismus wegen ihrer Tätigkeit in einer Untergrundorganisation und wegen ihrer Liaison mit einem Franzosen – der wirkliche Vater des Patienten – untertauchen musste. Während ihrer Schwangerschaft wurde sie von einem Wehrmachtssoldaten erpresst, der sie zwang, eine Ehe mit ihm einzugehen, damit er sie nicht denunziere. Als sie nach der Heirat den ehelichen Verkehr verweigerte, wurden sie geschieden, der Ehemann denunzierte sie und sie kam ins KZ Buchenwald. Dieses überlebte sie, suizidierte sich aber einige Jahre danach. Herr S. selbst erfuhr von dieser Geschichte erst, als er weit über 30 Jahre alt war. Ihm wurde der »falsche« Vater als sein leiblicher Vater vorgestellt und mit ihm zog er in die Bundesrepublik. Die Beziehung zu ihm war gespalten, geprägt von Hass und Bewunderung, immerhin folgte er ihm zunächst in beruflicher Hinsicht und ging zur Bundeswehr. Bei der Marine verlor er ein Auge, musste diese Karriere aufgeben, und durchlitt Jahre der Depression, die mit einem Suizidversuch und einem Aufenthalt in der Psychiatrie endeten. Die Beziehung zu einer Frau gab ihm zunächst Hoffnung und in dieser Phase erfuhr er die Realität seiner Lebensgeschichte. Auch sein leiblicher Vater war im KZ, überlebte und wurde ein erfolgreicher Geschäftsmann im Ausland. Identifiziert mit einer positiven therapeutischen Beziehung zu einer Psychiaterin beginnt er eine Ausbildung und macht in diesem Bereich dann eine sehr erfolgreiche berufliche Karriere. Über viele Jahre reiste er beruflich in der Welt herum, half beim Aufbau von Gesellschaftsstrukturen. In seinem privaten Bereich hatte er viele Beziehungen, war einige Male verheiratet und hatte drei Kinder. Als ich ihn kennenlernte, arbeitete er schon seit vielen Jahren in einer sehr gehobenen Position.

Lange Zeit faszinierte er mich durch die Schilderung seiner Lebensgeschichte und durch die Art und Weise, wie er immer wieder selbst aus diesen schwierigen Situationen entfliehen konnte und sich daraus befreien konnte. Eine Gruppe von Kollegen, mit denen ich wöchentlich schwierige Behandlungssituation besprach, half mir nach und nach zu erkennen, dass dieser Patient mich damit in gewisser Weise auch auf Distanz hielt. Er war offensichtlich ganz der überlegene und gesunde, kräftige Mann, der jedes Problem und Abenteuer bestehen konnte, und ich, sein Therapeut, wurde eher in die Rolle des kleinen, schwachen und ihn bewundernden Zuhörers gedrängt.

Wir waren in einer Märchenwelt, nicht in der Realität einer therapeutischen Situation..

Er hatte alles Kleine und Schwache in mich projiziert, und ich war dem ausgeliefert, fühlte mich tatsächlich in Verkennung der tatsächlichen Tragik wie ein kleiner Junge, der begeistert und gespannt auf das nächste Abenteuer wartet. Eine Angewiesenheit auf mich existierte nicht.

Diese Situation änderte sich schlagartig, als er eines Tages auf der Couch lag und seinen gespaltenen Daumennagel betrachtete. Er wunderte sich, dass er überhaupt nicht wisse, wieso dieser Nagel so gespalten sei, und schwieg eine Weile. Plötzlich fing er an jämmerlich zu schluchzen und erzählte mir dann, was ihm gerade eingefallen war. Er war nämlich in seiner Zeit im Entwicklungsdienst von einer Botschaft beauftragt worden, Dokumente zu einer anderen Botschaft zu bringen. Hierbei musste er eine Gegend passieren, die von einer Freiheitsbewegung kontrolliert wurde. Von diesen Milizen wurde er verhaftet und bezichtigt, ein amerikanischer Spion zu sein. Er konnte den Verdacht nicht glaubwürdig von sich weisen und wurde gefoltert. Diese Folter bestand darin, dass ihm ein Nagel unter den Daumennagel geschlagen wurde, und dieser dann unter Strom gesetzt wurde. In Todesangst urinierte er, kotete ein und begann auf Deutsch zu winseln: »Mama, Mama.« Einer der Folterer sprach deutsch und erkannte so, dass es sich nicht um einen amerikanischen Spion handeln konnte. Er wurde entlassen. Er wurde in der Therapie zunehmend verzagt und depressiv, fühlte sich wie jemand, der in seiner Therapie Geister gerufen hatte, denen er sich jetzt ausgeliefert fühlte. Er war wütend auf mich und wollte von mir wissen, warum ich es zulasse, dass er sich an solche Situationen überhaupt erinnere, jetzt sei alles noch schlimmer, vorher habe er es nicht gewusst, und deshalb sei es auch nicht da gewesen.

Ich deutete ihm, dass er in dieser Erinnerung in extremer Weise mit Gefühlen der Hilflosigkeit, der Abhängigkeit konfrontiert war und dass diese Gefühle für ihn in so krassem Gegensatz stehen zu dem Wunsch, wie er sich selbst gerne sah, nämlich als jemand, der Gefühle der Trauer und des Verlustes unbedingt verleugnen und vermeiden musste. Offensichtlich sei ihm mit der Erinnerung an diese Situation auch emotional deutlich geworden, dass dies nicht immer gehen könne. Auch mich hätte er offensichtlich gerne als jemanden an seiner Seite gehabt, der mit ihm zusammen diese Verleugnung sozusagen weiter perfektioniere und auch diese Illusion sei für ihn zusammengebrochenen, weil er mich als jemanden erleben musste, der ihn vor solchen Situationen auch nicht bewahren könne.

Im Anschluss an die Stunden tauchten nach und nach zunehmend Gefühle der Begrenztheit auf verschiedenen Ebenen auf. Er stellte die Liebesbeziehung zu der viel jüngeren Frau infrage und konnte darüber nachdenken, welche Aussichten diese Beziehung aufgrund des Altersunterschiedes haben könnte, entschied sich, mehr Zeit mit seiner jüngsten Tochter zu verbringen, trug zunehmend für sich Sorge und sagte ein beruflich lukratives Angebot ab, weil es ihn wieder in eine neue Abenteuersituation gebracht hätte. Mit anderen Worten konnte er sich Schritt für Schritt von einem »acting on phantasy« hin zu einem »acting on desire« bewegen, indem er mögliche Konsequenzen eines erstrebten Verhaltens bedachte und in seine Entscheidungen mit einbezog.

Bei seinen Urlauben begab er sich nicht mehr in gefährliche Situationen. Im letzten Analysejahr entschied er sich, seinen Sommerurlaub damit zu verbringen, dass er sein Segelboot von der Ostsee ans Mittelmeer brachte. Gemächlich fuhr er vier Wochen lang durch die verschiedensten Wasserkanäle und genoss das ruhige Dahintreiben. Er begann, seinen Roman zu schreiben. Er trennte sich von seiner Geliebten und intensivierte die Beziehung zu seiner Ehefrau und seiner jüngsten Tochter. Der Begrenztheit seines Arbeitslebens konnte er besser annehmen und die Zeit seiner Pensionierung ins Auge fassen. Nach vier Jahren war es ein bewegender Moment, als er sich mit einer dankbaren Umarmung von mir verabschiedete.

Literatur

Bion, W. (2006): Aufmerksamkeit und Deutung. Frankfurt a. M.: edition diskord bei Brandes & Apsel. 1. Aufl. 2009.

Britton, R. (2001): *Glaube, Phantasie und psychische Realität*. Stuttgart: Klett-Cotta.

Britton, R. (2001): Vor und nach der depressiven Position. In: Ders.: *Glaube, Phantasie und psychische Realität*. Stuttgart: Klett-Cotta, 95–111.

Forster, J. (o. J.): Krankenakte. (unveröffentlicht).

Freud, S. (1899): Über Deckerinnerungen. *GW I*, 534–554.

Freud, S. (1911): Formulierungen über die zwei Prinzipien des psychischen Geschehens. *GW VIII*, 229–238.

Freud, S. (1917): Vorlesungen zur Einführung in die Psychoanalyse. *GW XI*.

Freud, S. (1911): Psychoanalytische Bemerkungen über einen autobiografisch beschriebenen Fall von Paranoia. *GW VIII*, 239–242.

Freud, S. (1924): Neurose und Psychose. *GW XIII*, 385–391.

Heimann, P. (1961/2b): Notes on the anal stage. In: Dies.: *About Children and Children-No-Longer*. London: Routledge, 169–185.

Klein, M. (1935): Beitrag zur Psychogenese der manisch-depressiven Zustände. In: Cycon, R. (Hrsg.): *Melanie Klein: Gesammelte Schriften, Bd. I/2*. Stuttgart: frommann-holzboog, 29–77.

Klein, M. (1946): Bemerkungen über einige schizoide Mechanismen. In: Cycon, R. (Hrsg.): *Melanie Klein: Gesammelte Schriften, Bd. III*. Stuttgart: frommann-holzboog, 1–43.

Klein, M. (1930): Die Bedeutung der Symbolbildung für die Ich-Entwicklung. In: Cycon, R. (Hrsg.): *Melanie Klein: Gesammelte Schriften, Bd. I*. Stuttgart: frommann-holzboog, 347–369.

Klein, M. (1940): Die Trauer und ihre Beziehung zu manisch-depressiven Zuständen. In: Cycon, R. (Hrsg.): *Melanie Klein: Gesammelte Schriften, Bd. I/2*. Stuttgart: frommann-holzboog, 159–201.

Klein, M. (1929a): Frühkindliche Angstsituationen im Spiegel künstlerischer Darstellungen. In: Cycon, R. (Hrsg.): *Melanie Klein: Gesammelte Schriften, Bd. I*. Stuttgart: frommann-holzboog, 329–343.

Meltzer, D. (1965): Anale Masturbation und projektive Identifizierung. In: E. Bott Spillius (Hrsg.): *Melanie Klein Heute, Bd. I*. München: Verlag Internationale Psychoanalyse, 130–148.

Meltzer, D. (1995): *Der psychoanalytische Prozess*. München: Verlag Internationale Psychoanalyse.

Noell, D. & Röske, T. (Hrsg.) (2011): *Durch die Luft gehen: Josef Forster, die Anstalt und die Kunst*. Heidelberg: Das Wunderhorn.

Rumpeltes, R. (2011): Analnarzisstisches Wahnsystem und Symbolbildungsstörung in Josef Forsters Geisteskathar Schleimkrankheit. In: Noell, D. & Röske, T. (2011): *Durch die Luft gehen. Josef Forster, die Anstalt und die Kunst*. Heidelberg: Das Wunderhorn.

Segal, H. (1950): Einige Aspekte der Analyse eines Schizophrenen. In: Dies. (1992): *Wahnvorstellung und künstlerische Kreativität*. Stuttgart: Klett-Cotta.

Segal, H. (1964): Phantasie und andere seelische Prozesse. In: Dies. (1992): *Wahnvorstellung und künstlerische Kreativität*. Stuttgart: Klett-Cotta.

Segal, H. (1957): Anmerkungen zur Symbolbildung. In: Dies. (1992): *Wahnvorstellung und künstlerische Kreativität*. Stuttgart: Klett-Cotta.

Segal, H. (1972): Eine Anmerkung zu den inneren Objekten. In: Dies. (1992): *Wahnvorstellung und künstlerische Kreativität*. Stuttgart: Klett-Cotta.

Segal, H. (1977): Psychoanalyse und die Freiheit des Denkens. In: Dies. (1992): *Wahnvorstellung und künstlerische Kreativität.* Stuttgart: Klett-Cotta.

Segal, H. (1992): Acting on phantasy and acting on desire. In: Dies. (2007): *Yesterday, Today and Tomorrow*. London, New York: Routledge, 96–110.

H. Segal (1992): *Wahnvorstellung und künstlerische Kreativität.* Stuttgart: Klett-Cotta.

Segal, H. (1994): Paranoid anxiety and paranoia. In: Dies. (1997) *Psychoanalysis, Literature and War: Papers 1972–1995*. London, New York: Routledge, 95–102.

Segal, H. (1999): Ödipuskomplex und Symbolisierung. In: H. Weiß (Hrsg.) (2013): *Ödipuskomplex und Symbolbildung: Ihre Bedeutung bei Borderline-Zuständen und frühen Störungen*. 2. Aufl. Frankfurt a. M.: Brandes & Apsel.

Segal, H. (1996): Traum, Phantasie und Kunst. In: Dies. (1992): *Wahnvorstellung und künstlerische Kreativität.* Stuttgart: Klett-Cotta.

Segal, H. (1997): Manische Wiedergutmachung. In: Dies. (1992): *Wahnvorstellung und künstlerische Kreativität.* Stuttgart: Klett-Cotta.

Segal, H. (1962): *Introduction to the Work of Melanie Klein*. London: Hogarth. [Dt.: Dies. (2013): *Melanie Klein: Eine Einführung in ihr Werk*. 2. Aufl. Frankfurt a. M.: Brandes & Apsel.]

Steiner, J. (1998): *Orte seelischen Rückzugs.* Stuttgart: Klett-Cotta.

Esther Horn

Einige Gedanken über Hanna Segals Zugang zur Behandlung psychotischer Patienten[1]

Hanna Segals Arbeit *Aspekte der Analyse eines schizophrenen Patienten* (1950 [1990]), mit der sie 1949 im jungen Alter von 31 Jahren in die Britische Psychoanalytische Gesellschaft aufgenommen wurde, ist in vielfacher Hinsicht eine Errungenschaft. Neben Rosenfelds Beitrag von 1947 [1989] ist es eine der ersten Publikationen über die Behandlung eines schizophrenen Patienten, die mit einer analytischen Haltung und ohne wesentliche Settingänderungen durchgeführt wurde. Grundlage hierfür war das »erweiterte Wissen über die Mechanismen, Ängste und Abwehrmechanismen des frühesten Säuglingsalters« (S. 90)*,* wie Melanie Klein in *Die Ursprünge der Übertragung* (1952 [1983]) schreibt. Dies waren vor allem die Entdeckung von Spaltung und projektiver Identifizierung sowie Kleins wegweisende Konzepte der paranoid-schizoiden und der depressiven Positionen, die sie in *Bemerkungen über einige schizoide Mechanismen* (1946 [1983]) vorstellte. Sie ermöglichen eine neue Perspektive auf die Behandlung Schizophrener, die bis 1920 als nicht analysierbar galten (vgl. ebd., S. 90), und schufen die Voraussetzung für weitere Forschungen von Kleins Schülern, besonders Segal, Rosenfeld und Bion. Deren Beiträge zur Analyse psychotischer Patienten, die v. a. in den 1950er und 1960er Jahren entstanden und von der engen Zusammenarbeit und dem intensiven Austausch untereinander geprägt waren, trugen wesentlich zur Erweiterung der Technik und Theorien bei. Eine davon ist Segals Symbolisierungstheorie, die sie 1957 [1990] in *Bemerkungen zur Symbolbildung* darlegt. Vorläufer davon finden sich bereits in ihrer Arbeit von 1950, in der sie zum ersten Mal die Konkretheit der Symbolverwendung beschreibt,

---

[1] Für die sorgfältige Durchsicht, die vielen Anregungen und hilfreichen Hinweise danke ich Claudia Frank, Anja Kidess und Heinz Weiß.

auf die sie durch ihre präzise Beobachtung der Kommunikation ihres Patienten aufmerksam wurde.

Der Pioniergeist, der die damalige Zeit prägte, vermittelt sich eindrücklich in folgender Bemerkung Segals: »Es war eine unglaubliche Atmosphäre – besonders mit Frau Kleins neuer Arbeit von 1946 – ein unglaubliches Gefühl der Entdeckung. Alles lief gut. Politisch entwickelte sich England nach dem Krieg zu einem viel progressiveren Land, als es jemals zuvor war. Auf eine Art öffnete sich und erblühte alles.« (Quinodoz 2008, S. 43, Übersetzung E. H.) Auch in persönlicher Hinsicht waren es für Segal »wunderbare Jahre«, wie sie in einem Gespräch mit Quinodoz erinnert: »Ich heiratete, bekam mein erstes Baby, präsentierte meine erste Arbeit und ließ mich in London nieder. Alles lief gut für mich in meinem privaten Leben und es war aufregend meine Praxis zu eröffnen.« (ebd., S. 43, Übersetzung E. H.) In dieser Zeit folgten weitere Arbeiten über die Behandlung psychotischer Patienten, die hier zusammen mit ihrer Veröffentlichung von 1950 dargestellt werden sollen: 1954 [1992] *Schizoide Mechanismen als Grundlage der Entstehung von Phobien*, 1956 [1990] *Die Depression des schizophrenen Patienten* und 1975 [1992] *Ein psychoanalytischer Ansatz zur Behandlung von Psychosen*.

Edward – Segals erste psychoanalytische Behandlung eines schizophrenen Patienten

Der Patient, Edward, dessen Behandlung Segal in ihrer Arbeit von 1950 beschreibt, erlitt seinen ersten psychotischen Zusammenbruch mit Wahnvorstellungen, Verfolgungsängsten, Identitätsverlust und akustischen Halluzinationen im Alter von 18 Jahren während seines Militärdienstes in Indien. Nach Ausbruch seiner Erkrankung war er über einen Zeitraum von sechs Monaten in verschiedenen Militärkrankenhäusern in Indien und London untergebracht und wurde als hebephren bzw. paranoid-schizoid diagnostiziert. Auch ein psychoanalytisch ausgebildeter Psychiater stellte die Diagnose einer fortschreitenden Schizophrenie mit ungünstiger Prognose.

Als Segal den Patienten nach seiner Rückkehr das erste Mal in einem Militärkrankenhaus aufsuchte, war er vollkommen zurückgezogen, apathisch, verlangsamt und verwirrt. Nachdem er kurz darauf in ein Privatkrankenhaus verlegt wurde, begann Segal mit ihm eine Analyse mit fünf Wochenstunden. Drei Monate später war er so weit stabilisiert, dass er nach Hause gehen konnte und dort von Segal behandelt wurde, nach weiteren drei Monaten konnte er die Analysestunden in ihrer Praxis wahrnehmen. Obwohl er sich dort zunächst fürchtete und vermutete, dass eine Flasche auf ihrem Tisch mit Gift gefüllt sei und die Totenköpfe an der Verzierung ihres Kaminsimses getötete Patienten seien, konnte er zum ersten Mal Realität und Wahn unterscheiden, als er sagte, dass er wisse, dass dies in Wahrheit nicht stimme. Anders als in den sechs Monaten seines Klinikaufenthalts, in denen er ein tief regredierter Psychotiker mit infantilem Verhalten war, glich er zu der Zeit, als er nach Hause konnte, eher einem Kind in der Latenzphase. Er begann, seine Wahnvorstellungen zu verbergen, was einesteils ein Fortschritt war, da er anerkannte, dass sie nicht normal waren, was die Analyse anderenteils jedoch auch erschwerte. Dennoch konnte in einem analytischen Setting gearbeitet werden, in dem sein Phantasie- und Abwehrsystem gedeutet wurde und er auf der Couch lag und assoziierte. Allmählich ließ die Rigidität seiner Abwehr nach und es kam zu einer deutlichen Verbesserung seiner Symptomatik. Nach dem ersten Behandlungsjahr verschwanden seine Wahnvorstellungen, er führte ein weitestgehend normales Leben und besuchte Seminare an der Universität.

Diese Veränderung beruhte zum Teil jedoch auf einer »magischen Verleugnung des Wahnsinns sowie einer Abspaltung und ›Verkapselung‹ seiner Krankheit in ein leises Gemurmel in seinem Ohr« (1950 [1990], S. 142). Nach eineinhalb Jahren kam es zu einem zeitweiligen Rückfall. Da es aber möglich war, die Wahnvorstellungen in der Übertragung aufzugreifen, konnte die »fortwährende Analyse der Spaltungsvorgänge die Kluft zwischen dem verfolgenden und dem idealisierten Objekt überbrücken« (ebd., S. 149), so dass es ihm gelang, ein reales gutes Objekt zu akzeptieren. Hatte er Segal zu Beginn seiner Behandlung berichtet, dass er als Offiziersanwärter in Indien zwar »ausgezeichnet Minen sprengen, aber absolut keine Brücken bauen« konnte (ebd., S. 129), war er gegen Ende seiner Analyse zu größerer Integration und damit einhergehenden Wiedergutmachungsbemühungen fähig: Er begann sich für exotische Bäume zu interessieren, diese zu erforschen und sogar zu pflanzen, womit er so erfolgreich war, dass sich führende Biologen an ihn wandten. Segal verstand dies wie folgt: »In diesem Bereich versuchte er auf realistische Art und Weise zum Vater mit dem größten Penis (den höchsten Bäumen) zu werden, der der Mutter Erde die der Brust entnommene Nahrung und die zerstörten Babys zurückbringt.« (ebd., S. 141)

Trotz der Besonderheit, dass Segal den Patienten anfangs in einer Klinik aufsuchte, hielt sie an einem hochfrequenten Setting sowie an der analytischen Haltung fest: »Die Grundregel habe ich ihm nie auseinandergesetzt, aber ich habe von Anfang an die analytische Haltung eingenommen. Mit anderen Worten: ich deutete Abwehrmechanismen und Material unter Betonung der Übertragung, der positiven ebenso wie der negativen.« (ebd., S. 152) Dabei hebt sie zwei wesentliche Unterschiede zu amerikanischen Analytikern, wie Frieda Fromm-Reichmann und Paul Federn hervor, die es zum einen für gefährlich hielten, dem Bewusstsein neues, unbewusstes Material zuzuführen, da das Ich des Psychotikers ohnehin von Material überschwemmt werde. Zum anderen vertraten sie die Ansicht, dass die positive Übertragung niemals durch eine Psychoanalyse aufgelöst werden dürfe und diese sofort zu unterbrechen sei, sobald sich eine negative Übertragung einstelle. Ziel war die Stärkung des gesunden Selbstanteils gegenüber dem psychotischen durch eine ausreichend positive Übertragung.

Klein und ihre Schüler schlugen einen anderen Weg ein. Nicht anders als bei neurotischen Patienten versuchte Segal, unbewusstes Material bewusst zu machen, da »Verstehen und Fortschritt in Edwards Analyse wie in jeder anderen Analyse immer nur dann erzielt wurden, wenn ich dem Patienten bewusst machte, was bis dahin unbewusst gewesen war« (ebd. S. 151). Hierbei konnte sie beobachten, dass der Inhalt des Verdrängten sich beim Psychotiker unterscheidet: Zwar toleriert er weitaus archaischere und primitivere Phantasien und Gedanken, die der Neurotiker verdrängen würde, was er jedoch verdrängt, sind die Verbindungen zwischen verschiedenen Gedankengängen sowie zwischen Phantasie und Realität. So litt Edward zu Beginn seiner Analyse unter ausgeprägten, wenig verdrängten Kastrationsängsten, was ihm jedoch nicht zugänglich war, war die ihnen zugrundeliegende unbewusste Phantasie, seine schwangere Mutter und zugleich das ungeborene Kind zu sein. Quinodoz (2008, S. 49) weist darauf hin, dass Segal mit dieser Beobachtung, der Durchtrennung von Verbindungen, bereits andeutet, was Bion (1959 [1990]) später als »Angriffe auf Verbindungen« beschrieb.

Der zweite zentrale Unterschied in der Handhabung der Technik betrifft die Deutung der negativen Übertragung. Aus Segals Sicht führt das Außerachtlassen der negativen Übertragung zu einer Vertiefung der Spaltung in ein idealisiertes und ein verfolgendes Objekt. »Das unbewusste Misstrauen dem Analytiker gegenüber wird dann nicht analysiert, sondern agiert; und wenn der Gott sich in den Teufel verwandelt, treten möglicherweise plötzliche Umkehrungen zutage, die die negative Übertragung außer Kontrolle geraten lassen. Und selbst für die Dauer der ›guten‹ Phase wird der Analysefortschritt durch die Verdrängung von Phantasien über den ›bösen‹ Analytiker beeinträchtigt. Darüber hinaus wird jemand anders von dem Patienten als Verfolger auserwählt […], der natürlich nicht wie der Analytiker über das nötige Rüstzeug verfügt, mit der Feindseligkeit des Patienten adäquat umzugehen.« (ebd., S. 138) Die Skepsis gegenüber Modifizierungen der Technik, wie Beruhigung, Erteilung von Ratschlägen, erzieherische Maßnahmen etc., anstatt an der strikten Deutung der Abwehrmaßnahmen und der ihnen zugrundeliegenden Ängste festzuhalten, teilt Segal mit Bion und Rosenfeld. Rosenfeld (1952 [1990]) widmet sich dieser Diskussion am ausführlichsten und plädiert dafür, selbst bei »unüberwindlichen Schwierigkeiten […] meine analytische Technik beizubehalten, entsprechend dem Prinzip, dass, wenn ich durch meine Interpretationen mit dem Patienten keine Beziehung herstellen konnte, nicht meine Technik falsch war, sondern mein Verständnis dessen, was sich in der Übertragung abspielte« (Rosenfeld 1965 [1989], S. 9).

In der Behandlung von Edward zeigt Segal, wie notwendig es war, sein abgespaltenes Misstrauen ihr gegenüber zu deuten, um einen Abbruch zu verhindern. Er hatte gehofft, er könne mit seiner Entlassung aus der Privatklinik, in der er drei Monate untergebracht war, seine Krankheit zurücklassen, so dass er verzweifelt und wütend war, als er bemerkte, dass diese ihm nach Hause gefolgt war. Seine Anklagen richtete er gegen seine Eltern, denen er Grausamkeit und Kälte vorwarf, während er versuchte, sich mit Segal gegen diese zu verbünden. Ohne diesem dringenden Bedürfnis nachzugeben, aber auch ohne es zurückzuweisen, greift sie auf einfühlsame Weise seine Angst auf, verrückt zu sein und in ihr keine Verbündete, sondern einen Feind zu finden. Sie war sich im Klaren darüber, dass Edward sie als seine Analytikerin auf einer unbewussten Ebene mit der Klinik und den Klinikärzten in Verbindung brachte, die er für seine Verrücktheit verantwortlich machte, auch wenn er sie auf einer bewussten Ebene als das gute Objekt idealisierte, bei dem er Zuflucht suchte. »In gewisser Hinsicht waren wir jetzt mit dem Wahnsinn allein: er war entweder in ihm oder in mir. Wenn irgendjemand ihn verrückt machte, dann konnte nur ich es sein.« (1950 [1990], S. 137) Sie war der Überzeugung, dass sie ihm diese Verbindung bewusst machen musste, um »blindes Agieren«, das möglicherweise in einem Abbruch geendet hätte, »durch bewusstes Misstrauen« zu ersetzen.

Wenn Segal die negative Übertragung aufgriff, tat sie dies nicht mit einer moralisierenden und anklagenden Haltung. Wie Klein war sie vielmehr darum bemüht, die liebevollen Regungen im Hass und den Hass in der Liebe aufzuspüren sowie die negative mit der positiven Übertragung zu verbinden. Damit ihre Deutungen von Edward akzeptiert wurden, versuchte sie, »nicht unnötig streng oder grausam« zu erscheinen, sondern ihm zu zeigen, dass sie seinen Wunsch verstand, und mit ihm zu untersuchen, was es für ihn bedeutete, wenn sie nicht darauf einging (ebd., S. 139). Dies führte im Lauf der Analyse dazu, dass sich Edwards Beziehung zu ihr verbesserte und seine Gefühle ihr gegenüber »ungleich vertrauter und wärmer« wurden, was auch damit einherging, dass er zugeben konnte, dass sie in seinen Phantasien in Gestalt verschiedener Verfolger auftauchte (ebd., S. 149). Sie war nun weniger ein idealisiertes Objekt, dessen vermeintliche Güte von dem unbewussten Misstrauen ständig bedroht war; stattdessen hatte Edward in ihr »einen Freund gefunden, und falls dies zutrifft, so war es die erste Vertrauensbeziehung, die er in seiner bewussten Erinnerung je erlebt hatte« (ebd., S. 149–150).

Seine Entwicklung ging mit depressiven Gefühlen einher, da er anerkennen musste, dass sein ideales Objekt gleichzeitig auch das von ihm angegriffene und damit verfolgende war. Dieses Wissen kam sowohl in einem Traum zum Ausdruck als auch in der Vorstellung, von der selbst gemolkenen Milch, die er jeden Morgen trank, vergiftet worden zu sein, was er aus einem plötzlich aufgetretenen Gesichtsausschlag schloss. In seinem Traum repräsentierten die Russen, vor denen er zu fliehen versuchte, indem er mehrere Züge wechselte, seine Analytikerin, bei der er gleichzeitig Zuflucht suchte. »Diese wiederkehrende Situation, in der das allerbeste Objekt sich als dasjenige entpuppt, das ihm die schwersten Verletzungen zufügt, und sich als schlimmster Verfolger erweist, war die tiefste Tragödie in seiner inneren Welt.« (ebd., S. 148–49) Segal beschreibt, wie er dadurch gezwungen war, sein ganzes Leben »schnell den Zug zu wechseln«, d. h. unverbindlich, kalt und distanziert zu bleiben, Charakteristika, die Freud (1917) dem Narzissmus des Schizophrenen zuschreibt. Doch während Freud davon ausging, dass er deshalb »keine Übertragung« zeigt und »darum […] auch für unsere Bemühung unzugänglich, durch uns nicht heilbar« (ebd., S. 430) ist, wird an Segals Beobachtungen deutlich, mit welch intensiven Gefühlen die Übertragungsbeziehung aufgeladen ist, so dass dem Patienten angesichts der dramatischen inneren Situation nur der narzisstische Rückzug bleibt. Sie bezieht sich dabei auf Kleins Entdeckungen, die zeigen, dass es keinen objektlosen Zustand gibt, sondern von Anfang an Beziehungen zu inneren phantasierten Objekten existieren, die in der Übertragungssituation zugänglich werden können.

Ähnlich wie der narzisstische Rückzug des Schizophrenen als Unfähigkeit anmuten kann, eine Übertragungsbeziehung herzustellen, wird das Scheitern der Symbolbildung oft als Unfähigkeit, Symbole überhaupt zu bilden, missverstanden. Auch Segal zieht in dieser Arbeit noch, wie Melanie Klein (1930 [1983]) in ihrer Beschreibung ihres kleinen vierjährigen, aus heutiger Sicht autistischen Patienten, Dick, einen Mechanismus in Betracht, der die Bildung von Symbolen und damit die Entwicklung von Interesse verhindert. Bei Dick führte dies u. a. dazu, dass er nicht sprechen konnte. 1957 revidiert Segal diese Auffassung allerdings und kommt zu der Überzeugung, dass die innere Welt voller Symbole ist, die beim schizophrenen Patienten so konkret und verfolgend sind, dass das Interesse von ihnen abgezogen wird. Doch bereits in ihrer Arbeit von 1950 beschreibt sie eine primitive Form der Symbolverwendung, in der Symbole zu Gleichsetzungen werden. Sie bezieht sich hierbei auf Freuds Untersuchung zur Sprache von Schizophrenen (1915), die Wortvorstellungen wie Dingvorstellungen behandeln. Wichtig wurde vor allem jedoch Kleins Arbeit zur

Symbolbildung bei der Ichentwicklung (1930 [1983]), mit der ein ganz neues Feld eröffnet wurde, auf dem Segals eigene Gedanken fruchtbar werden konnten.

Edwards konkrete Symbolverwendung zeigte sich zu Beginn der Behandlung in der Schwierigkeit, zwischen dem, was er dachte und fühlte, und dem, was wirklich war, zu unterscheiden. So war »im Krankenhaus zu sein das gleiche wie eingesperrt zu sein, und wie eingesperrt zu sein bedeutete für ihn, wirklich ein Gefangener zu sein« (1950 [1990], S. 132). In einer anderen Situation führte die Verwechslung zwischen Symbol und Objekt dazu, dass er verlegen kichern musste, als er Segal einen Stuhl brachte, da er ihn mit fäkalem Stuhl gleichsetzte. (Wie der Begriff »Stuhl« im Deutschen, steht das englische Wort »stool« sowohl für Kot als auch für ein Möbelstück.) Hier glich er einem anderen Patienten von ihr, der auf ihre Frage, warum er nicht mehr Geige spiele, antwortete: »Denken Sie, ich masturbiere öffentlich?« (ebd., S. 132) Segal beschreibt, wie dabei u. a. die Abwehrmechanismen der Verdrängung und Verleugnung von bereits gebildeten Symbolen am Werk sind, was sich in der für Schizophrene typischen Gedankenarmut niederschlägt, da sich Denken ohne Symbole nicht entwickeln kann.[2] Zu einem späteren Zeitpunkt in der Behandlung Edwards waren das Symbol und das Symbolisierte für ihn unbewusst zwar noch identisch, was er aufgrund der Konkretheit der Phantasien auf einer bewussten Ebene jedoch verleugnete: »Eine Zigarette war eine Zigarette, und er vermochte nicht zu akzeptieren, dass sie für einen Penis stehen konnte.« (1950 [1990], S. 141)

In ihrer Nachschrift von 1980 [1990] lässt Segal uns wissen, dass Edward seine Behandlung in einem hypomanischen Schub nach vier Jahren

---

[2] Claudia Frank (2015) hat diesen Gedanken dahingehend erweitert, dass dem konkretistischen Denken nicht einfach eine Regression zugrundeliegt, sie geht vielmehr von einer aktiven Desymbolisierung aus. Auf dieser Grundlage untersucht sie die heftigen Verwicklungen, in die der Analytiker hineingezogen werden kann, wenn Symbole nicht als Mittel der Kommunikation benutzt, sondern z. B. durch Misskonzeptionen entstellt werden. In ihrer Weiterentwicklung der kleinianischen Symbolisierungstheorie arbeitet sie zudem verschiedene Stufen der Symbolisierung heraus, die ihren Ausgang in körperlichen Phantasien nimmt und um die ein Leben lang gerungen werden muss.

beendete. Er blieb 20 Jahre lang in stabiler gesundheitlicher Verfassung, erlitt 1968 einen erneuten schizophrenen Zusammenbruch und wandte sich wieder an sie. Da sie damals keinen freien Platz hatte, überwies sie ihn an einen Kollegen, bei dem er gute Fortschritte machte. Rückblickend denkt sie darüber nach, sowohl den Spaltungsvorgängen in seinem Ich als auch dem von Bion (1957 [1990]) später als »pathologische projektive Identifizierung« beschriebenen Abwehrvorgang nicht genügend Aufmerksamkeit geschenkt zu haben.

Die Abwehr einer Psychose durch neurotische Mechanismen

Segal geht bei der Behandlung von Edward ebenso wie in ihrer Arbeit von 1954 [1992] *Schizoide Mechanismen als Grundlage der Entstehung von Phobien* noch von exzessiver projektiver Identifizierung aus, während Bion (1957 [1990]) einige Jahre später den quantitativen Aspekt in einen qualitativen verändert. Er unterscheidet projektive Identifizierung als Mittel der Kommunikation von projektiver Identifizierung als Mechanismus, um die splitterartigen Ich-Fragmente auszustoßen, damit in die Objekte einzudringen und diese zu kontrollieren. Auch Segal beschreibt in ihrem Beitrag von 1954, wie ihre Patientin versuchte, Teile ihres Selbst in anderen unterzubringen, um diese wie Marionetten zu kontrollieren. Allerdings hatte sie diesen Vorgang in seiner Bedeutung für die Übertragungs-/Gegenübertragungsbeziehung noch nicht ausreichend berücksichtigt. In ihrem 24 Jahre später verfassten Kommentar (1980 [1992]) zu dieser Behandlung ebenso wie in einem Gespräch mit Quinodoz merkt sie folgendes an: »Ihre [der Patientin] projektive Identifizierung war nicht bloß eine Phantasie; ich scheine mir der Art und Weise, wie dies in den Sitzungen geschah, gar nicht bewusst geworden zu sein.« (ebd., S. 185) Während Segal vor allem die Trauminhalte und Phantasien ihrer phobischen Patientin deutete, entwickelte sie später in *Die Funktion des Traums* (1981 [1992]) den Gedanken, dass vor der Deutung des konkreten Inhalts zuerst die Funktion untersucht werden muss, die das Erzählen eines Traums für die Übertragung hat.

Ein für die Technik der Psychoanalyse wichtiger Gesichtspunkt in ihrer Falldarstellung von 1954 ist der, dass die unter der Phobie liegenden psychotischen Funktionsweisen, wie paranoid-schizoide Mechanismen und projektive Identifizierung, beachtet werden müssen. Die Phobie ihrer Patientin diente der Vermeidung eines akuten schizophrenen Zusammenbruchs, so dass es wesentlich für die Auflösung des neurotischen Symptoms war, die frühen psychotischen Ängste, die zur Desintegration ihres Ichs führten, durchzuarbeiten. Dieser Gedanke ist einer von Kleins Grundannahmen und wird auch von Bion (1957 [1990]) aufgegriffen, wenn er im schwer neurotischen Patienten einen durch die Neurose verdeckten psychotischen Persönlichkeitsanteil vermutet und diese Überlegung erweiternd davon ausgeht, dass auch die neurotische Persönlichkeit durch die Psychose des Psychotikers verborgen wird und aufgedeckt sowie bearbeitet werden muss (ebd., S. 98).

Ophelia – die Projektion depressiver Gefühle

Bions Arbeit zur pathologischen projektiven Identifizierung (1957) erschien fast zeitgleich mit Segals *Die Depression des schizophrenen Patienten* (1956 [1990]), in der sie ebenfalls mit dem Mechanismus der projektiven Identifizierung beschäftigt ist. Anders als in ihren vorangegangenen Veröffentlichungen legt sie den Schwerpunkt hier auf die Ausstoßung depressiver Gefühle. Sie beobachtete bereits bei ihrem Patienten Edward, dass er sich der depressiven Position annäherte. In der Falldarstellung ihrer jungen schizophrenen Patientin zeigt sie nun, wie die damit einhergehenden unerträglichen Gefühle in der Übertragungsbeziehung projiziert wurden. Dadurch konnten sie nicht mehr als eigene Gefühle wahrgenommen werden und die Patientin entwickelte sich im Sinne einer negativen therapeutischen Reaktion auf einen paranoid-schizoiden Modus zurück. Für einen Fortschritt in der Behandlung war das Aufspüren der Bewegung hin zu einem depressiven Selbstanteil ebenso wie dessen Projektion wesentlich, um die Patientin in einen größeren Kontakt mit der inneren und äußeren Wirklichkeit sowie ihren Wiedergutmachungsbestrebungen zu bringen.

Skizziert wird ein schizophrenes Mädchen, das seit seinem vierten Lebensjahr unter Wahnvorstellungen litt und sich als außergewöhnlich begabtes und intelligentes Kind »lange etwas von dem ihr eigenen Glanz bewahrte« (ebd., S. 64), bis ihre Persönlichkeit immer mehr zerfiel und sie eine ausgeprägte chronische Hebephrenie entwickelt hatte, als sie sich sechzehnjährig zu Segal in Analyse begab. An zwei Sequenzen, im Februar und Oktober des zweiten Behandlungsjahres, stellt Segal dar, wie die Patientin mit depressiven Gefühlen unterschiedlicher Qualität in Kontakt kam, die kaum erträglich für sie waren und sofort wieder projiziert wurden.

In den Februarstunden ließ die Patientin Segal durch einige Anzeichen etwas von ihrer Vorstellung wissen, dass ein Vampir an ihr gesaugt habe. Erst die Deutung der Übertragung ermöglichte es der Patientin, auf eine für sie ungewöhnliche Art darüber zu sprechen, dass ihre Analytikerin der Vampir sei, der auf ihre Kosten lebe und ihren Verstand und ihr Leben aussauge. In den folgenden Stunden gelang es Segal, diese Angst mit den gierigen und räuberischen Angriffen der Patientin in Verbindung zu bringen, worauf diese auf eindrucksvolle Weise reagierte: »Sie sagte, das wisse sie, und fügte hinzu, sie wisse, dass sie das Leben aus mir herauszöge. Danach schaute sie mich mit einem langen Blick an und sagte, dass Vampire, wenn sie verliebt seien, ihr Opfer nicht auf der Stelle töteten, sondern langsam, nach und nach, und sich am Saugen außerordentlich ergötzten.« (ebd., S. 66) Als der destruktive Teil ihrer Liebe verstanden werden konnte, der in dem grausamen Aussaugen ihrer Analytikerin mündete und Verfolgungsgefühle, nun selbst zum Opfer eines Vampirs zu werden, nach sich zog, überlegte die Patientin in einer Stunde betroffen, niedergeschlagen und nachdenklich, ob der Teufelskreis durch ihre eigene gierige Einverleibung sowie der damit verbundenen Unfähigkeit, irgendetwas Gutes in ihrem Inneren wiederaufzubauen, aufrechterhalten werde.

Sie konnte ihr Schuldgefühl, den größeren Kontakt mit ihrer inneren Realität sowie die Schwierigkeiten, die die Wiedergutmachungsbemühungen mit sich bringen, jedoch nur kurze Zeit ertragen. Schon in der nächsten Stunde war ihre Betroffenheit in einer manischen Geste wie weggewischt, als sie auf die Couch sprang, mit sich selbst redete, masturbierte und ihre Analytikerin in die Position eines ausgeschlossenen Kindes brachte, das dem Geschlechtsverkehr der Eltern beiwohnen muss. Noch im Wartebereich hatte sie Segal ungewöhnlich offen und freundlich angelächelt, wobei auffiel, dass sie ihre Bluse offener trug und damit mehr von ihrer Brust zeigte als üblich. War sie in der vorangegangenen Stunde mit ihren eigenen oral-sadistischen Impulsen konfrontiert, die das Objekt entleert zurückließen, wurde sie nun selbst zur nährenden Brust, die die geweckte Hoffnung jedoch kurz darauf enttäuschte. Auf diese Weise versuchte sie, sich ihrer eigenen gierigen, eifersüchtigen und wütenden Gefühle zu entledigen. Nachdem es Segal gelang, diese Bewegung zwischen den Stunden als negative therapeutische Reaktion zu verstehen und der Patientin zu deuten, was geschehen war, reagierte diese erleichtert und konnte wieder mehr mit ihrem gesunden Persönlichkeitsteil in Kontakt kommen. Die depressiven Gefühle in dieser Phase der Analyse richteten sich vor allem auf die Brust und waren von primitivem Charakter, der aus oraler Gier, Eifersucht, Wut sowie der daraus entstehenden Verzweiflung und Schuld bestand. Dies veränderte sich während der Behandlungssequenzen im Oktober, in denen die projizierten Gefühle komplexer und facettenreicher waren: »Sie bestanden nicht allein aus Wut, Schuld und Verzweiflung, sondern ebenso aus Traurigkeit, Gram und Schmerz.« (ebd., S. 72)

Die Patientin kehrte nach den Sommerferien in einem wahnhaften Zustand zurück, schrie, tobte und wirkte angsterfüllt. Sie zog Fäden aus der Couch und zerriss sie, was Segal mit ihrem Gefühl in Verbindung brachte, dass der rote Faden ihrer Gedanken, ebenso wie ihre Verbindung zur Analyse zerrissen sei. Aus ihrem Verhalten und den Erfahrungen mit ihr konnte Segal zudem schließen, dass sie Gott und den Teufel halluzinierte, die die unterschiedlichen Seiten ihres Vaters repräsentierten, der sich in ihrem 15. Lebensjahr suizidiert hatte. Als Segal die Wahnvorstellung ihrer Patientin mit deren gespaltenen Gefühlen von Idealisierung und Verfolgung sowohl ihrem Vater als auch ihr gegenüber verband und mit der langen Analyseunterbrechung in Beziehung setzte, ließ die Heftigkeit ihrer Ängste nach und sie wurde ruhiger.

Mit dem Zauber der Entrücktheit und Unzurechnungsfähigkeit begann sie, im Zimmer wie auf einer Wiese zu tanzen und mit anmutigen Bewegungen imaginäre Blumen zu pflücken, die sie dann im Zimmer verstreute. So als würde sie ihren eigenen Kummer gerade durch ihre Unbeschwertheit im Zimmer ausbreiten, löste sie ein Gefühl von Trauer in der Gegenübertragung aus, wodurch sich Segal an eine Inszenierung von Shakespeares *Hamlet* erinnert fühlte, in der der traurige Zustand Ophelias durch ihr scheinbar fröhliches Tanzen zum Ausdruck kam. Als sie ihr deutete, sie sei wie Ophelia, hielt die Patientin sofort inne und antwortete:

»Ja, natürlich«, als sei sie überrascht darüber, dass mir dies nicht früher aufgefallen war, und dann fügte sie traurig hinzu: »Ophelia war wahnsinnig, nicht?« (ebd., S. 70)

Segal brachte die Identifizierung mit Ophelia, die über der Zurückweisung und Abreise Hamlets sowie der Ermordung ihres Vaters wahnsinnig wird und sich das Leben nimmt, mit den unerträglichen Gefühlen von Trauer und Schuld ihrer Patientin in Verbindung, die aus der Überzeugung entstanden waren, ihren Vater, der sie zurückwies, und in der Übertragung ihre Analytikerin, die in die Sommerferien abgereist war, getötet zu haben. Die Patientin lehnte ihre eigene Verantwortung und die Ophelias mit den folgenden Worten ab: »Sie trug, wie ein Kind, keine Verantwortung, sie kannte den Unterschied nicht. Für sie existierte die Realität nicht; der Tod hatte gar keine Bedeutung.« (ebd., S. 70) In ihrem »ophelia-ähnlichen Wahnsinn« verleugnete sie ambivalente Regungen und Schuld, indem sie diese in ihre Analytikerin wie die Blumen hineinstreute und auf diese Weise den Kontakt mit ihrer inneren Realität und damit auch ihrer Fähigkeit, zu denken, verlor.

In der darauffolgenden Stunde schien die Patientin sich massiv verfolgt zu fühlen und unter ausgeprägten Halluzinationen zu leiden, dabei zerriss sie wieder Fäden, was ihr Segal als Versuch deutete, die Verbindung zu ihrer Gesundheit, die mit Gefühlen von Kummer und Schuld einherging, zu zerreißen. Sie fürchte ihre Analytikerin als verfolgende Gestalt, die die Trauer in sie zurückzuzwängen und sich für ihre geraubte Freude und ihr Lachen zu rächen drohte. Anders als in den vorausgegangenen Stunden reagierte die Patientin auf diese Deutung traurig und begann, die aus der Couch gezogenen Fäden zu verflechten, was sie nachdenklich kommentierte: »Wissen Sie, als Ophelia Blumen pflückte, war sie nicht, wie Sie sagten, ganz und gar wahnsinnig. Es spielten noch viele andere Dinge eine Rolle. Was unerträglich war, war das Verflechten« (ebd., S. 71), wobei sie die Verflechtung von Gesundheit und Wahnsinn im Sinn hatte. Segals Fähigkeit, die Traurigkeit der Patientin in sich aufzunehmen, zu tolerieren und deren Lebensgeschichte mit der Übertragungsbeziehung und den abgewehrten Gefühlen zu verflechten sowie in der ihr eigenen präzisen und kreativen Art zu deuten, ermöglichte es der Patientin, ihren gesunden Selbstanteil zurückzugewinnen. Sie konnte sich dabei von einer Analytikerin unterstützt fühlen, die Empathie für den unerträglichen Schmerz empfand, den die Anerkennung und das Wissen um ihre verrückten Selbstanteile sowie die Desintegration ihrer inneren Welt mit sich brachte.

Theoretische Überlegungen zur Behandlung von Psychosen

Vor dem Hintergrund ihrer fünfundzwanzigjährigen analytischen Erfahrung und der Fortschritte auf dem Feld der analytischen Technik wirft Segal in ihrer kurzen Arbeit von 1975 [1992] *Ein psychoanalytischer Ansatz zur Behandlung von Psychosen* noch einmal Licht auf die Faktoren, die eine Bewegung hin zu größerer Gesundheit ermöglichen. Hatte sie diesen Vorgang in den hier zusammengefassten Beiträgen der 1950er Jahre vor allem an klinischem Material dargestellt, diskutiert sie in ihrer späteren Arbeit u. a. die theoretischen Grundlagen. Ausgehend von Kleins Konzepten der beiden Positionen entstanden im Laufe der Jahre zahlreiche Neuerungen, von denen Segal Bions Modell von Container/Contained als besonders bedeutungsvoll für den psychoanalytischen Prozess und ihre eigenen Überlegungen betrachtet. Ein solcher Container, in den der Patient unerträgliche Ängste und Gefühle projizieren kann, ist der analytische Rahmen. Dessen Stabilität ist gerade bei Psychotikern die Voraussetzung für eine Behandlung, da sich Gefühle so intensiv und unmittelbar zeigen. Neben Zuverlässigkeit, Regelmäßigkeit und Sicherheit ist eine konstante Haltung des Analytikers besonders wichtig, damit die omnipotente Phantasie, Kontrolle über die Objekte zu gewinnen, allmählich der Realitätsprüfung unterzogen werden kann. Darüber hinaus müssen einige äußere Bedingungen erfüllt sein, wie z. B. die Befriedigung der Grundbedürfnisse des Patienten durch die äußere Umwelt, deren Einstellung gegenüber seiner Behandlung wohlwollend oder wenigstens neutral sein sollte. Erst dadurch entsteht eine haltgebende Umgebung, in der sich eine Übertragungsbeziehung relativ ungestört entwickeln kann.

So wichtig der äußere Rahmen ist, so bietet er doch nur die Voraussetzung dafür, dass sich eine Veränderung vollziehen kann. Entscheidend bleibt die Fähigkeit des Analytikers, die projizierten Teile in sich aufzunehmen, zu tolerieren, zu verstehen und in Form einer Deutung zurückzugeben, die sie erträglich und einem Nachdenken zugänglich machen. Dabei ist es »von allergrößter Wichtigkeit«, die »Sprache des Schizophrenen – mit ihrer konkreten Symbolisierung, ihrer Verwischung der Grenzen zwischen Objekt und Subjekt – seine psychotische Übertragung« (ebd., S. 172–173) zu erfassen. Da die psychotische Übertragung vor allem durch projektive Identifizierung gekennzeichnet ist, zeigt sie sich unmittelbar und heftig, so dass nicht ihr Fehlen das Problem ist, sondern die Fähigkeit, sie aushalten und beobachten zu können. »Der Psychotiker versucht, sein Entsetzen in den Analytiker zu übertragen, seine Schlechtigkeit, seine Verwirrung, seine Fragmentierung, und, nachdem er diese Projektion durchgeführt hat, empfindet er den Analytiker als eine schreckliche Figur, der er sich sofort entziehen möchte; daher die Brüchigkeit der Übertragungssituation.« (ebd., S. 172) Er erlebt jedoch nicht nur seine eigenen Phantasien als äußerst konkret, sondern auch die Deutungen des Analytikers. So kann er die Deutung seiner Angst als Angriff empfinden oder die seiner sexuellen Gefühle als sexuellen Annäherungsversuch. Segal hebt diesen Aspekt hervor, um darauf hinzuweisen, dass es »nutzlos ist, den Psychotiker wie einen Neurotiker zu deuten« (ebd., S. 173).

Wie Segal zeigt, liegt die Wurzel für das Versagen der symbolischen Funktion in der frühen Kindheit, in der das Ich durch Spaltung, Projektion und Introjektion allmählich gestärkt wird und sich das Über-Ich herausbildet. Dies geht mit einer Unterscheidung zwischen innerer und äußerer Welt sowie mit der Wahrnehmung der Getrenntheit von äußeren Objekten einher. Zudem entwickeln sich im ersten Lebensjahr Denken, Sprechen und die Fähigkeit zur Symbolbildung. All diese Funktionen sind bei der Psychose gestört. Klein erhielt ihren Zugang zu den grundlegenden psychotischen Mechanismen aus der Arbeit mit schwergestörten Kindern und ihrem daraus gewonnenen Verständnis der Ich-Entwicklung, der Objektbeziehungen, Abwehrmechanismen sowie der Intensität der Übertragung, die eher durch Projektion und Introjektion als durch Verdrängung geprägt ist. Sie entdeckte, dass die kindliche Neurose häufig eine Abwehr primitiver paranoider oder depressiver Ängste ist. In ihrem wichtigen, bereits oben erwähnten Beitrag zur Symbolbildung in der Ichentwicklung (1930 [1983]) zeigte sie, wie psychotische Ängste Prozesse der Symbolbildung und Ich-Entwicklung blockieren, die wieder hergestellt werden können, wenn es gelingt, diese Ängste aufzulösen.

Das Fundament eines jeden psychoanalytischen Zugangs zur Behandlung von Psychosen sowie des psychoanalytischen Denkens überhaupt legte Freud, der seelische Phänomene, ganz gleich welcher Natur, als dem Verstehen zugänglich betrachtete und dafür plädierte, jede verbale oder nonverbale Kommunikation des Patienten zu untersuchen. Im Gegensatz dazu steht die – wie Segal meint – auch heute noch vorfreudianische Haltung gegenüber Geisteskrankheiten vieler psychiatrischer Ansätze: »Das heißt, Psychotiker konnten klassifiziert und als schizophren oder manisch-depressiv diagnostiziert werden, behandelt werden usw., doch wurden ihre Mitteilungen als entweder unverständlich oder von nur marginaler Bedeutung für das Verstehen des Patienten angesehen.« (ebd., S. 169) Segal ist der Überzeugung, dass die psychoanalytische Psychosentherapie, insofern die oben erwähnten Rahmenbedingungen erfüllt sind, »die Behandlung ist, die dem Patienten die erfolgversprechendste therapeutische Prognose bietet; und – wenn sie erfolgreich ist – ist sie die Behandlung, die sich mit den Wurzeln seiner Persönlichkeitsstörung befasst« (ebd., S. 174). Trotzdem wirft sie die Frage auf, welcher gesellschaftliche Nutzen daraus entsteht, da u. a. aufgrund des enormen Zeit- und Kostenaufwands nur eine kleine Anzahl psychotischer Patienten psychoanalytisch behandelt werden kann. Sie kommt zu dem Schluss, dass es vor allem die Erforschung der Erkrankung und das daraus gewonnene Wissen sind, das sich alle therapeutischen Zugänge, seien es sozialpsychiatrische Angebote für psychotische Patienten, Gruppen- oder Einzeltherapien, zunutze machen sollten. Darüber hinaus könnte die psychoanalytische Forschung einen Beitrag zur Prävention leisten, wie ein Projekt in Finnland gezeigt hat (Alanen, 1975). »Doch ist der Forschungsaspekt, und was wir auf ihn zurückführen, hier nicht auf die Behandlung von Krankheiten beschränkt. Auf die gleiche Weise, wie es Freud gelang, durch seine Psychoanalyse des Neurotikers eine allgemeine Theorie zur seelischen Entwicklung und Funktion aufzustellen, ist es die Analyse des Psychotikers mit seinen Störungen des Denkens, der Wahrnehmung, der symbolischen Funktion, der Objektbeziehungen usw., die es uns jetzt ermöglicht, solche Prozesse sehr viel genauer zu beschreiben, die mit diesen Funktionen zusammenhängen.« (ebd., S. 175)

Abschließende Bemerkung

In den drei hier zusammengefassten Falldarstellungen wird deutlich, wie eng Segal ihre eigenen Gedanken über die Prozesse seelischen Funktionierens am Material ihrer Patienten entfaltet. In ihrer frühen und in vielfacher Hinsicht bemerkenswerten Arbeit von 1950 finden sich Vorläufer ihrer Symbolisierungstheorie, in der sie einige Jahre später echte Symbolbildung von symbolischer Gleichsetzung unterscheidet. Zudem greift sie wichtige Kontroversen über die Behandlungstechnik und neue theoretische Modelle auf, die sie auf eigenständige Weise weiterentwickelt und ergänzt. Besonders eindrucksvoll jedoch ist ihre Haltung gegenüber ihren Patienten, die in ihrer Klarheit und in ihrem Bestreben nach der Suche der inneren Wahrheit kompromisslos, aber nie ohne Mitgefühl ist. Ihr genuines Interesse an der Erforschung seelischer Zustände und der Entwicklung der psychoanalytischen Technik und Theorie hat immer den einzelnen Patienten im Blick, dem sie auf eine sehr menschliche Weise zugewandt ist. In diese Haltung war die Konfrontation mit der negativen Übertragung sowie mit einer teilweise nur schwer erträglichen und manchmal kaum aushaltbaren inneren Realität eingebettet. Es ist berührend, wie sie beschreibt, dass Edward in ihr einen Freund gefunden hatte, wobei die zugrundeliegende Vertrauensbeziehung aus einer Erfahrung mit ihr entstanden war, die nichts mit einer Art von Freundlichkeit zu tun hatte, die das Misstrauen, dass der Übertragung zugrundelag, außer Acht gelassen hätte.

Das Gleiche gilt für die Behandlung ihrer jungen psychotischen Patientin. In der fast poetischen Beschreibung der Ophelia-Identifikation vermittelt sich etwas von dem Zauber der Patientin, von dem sich Segal berühren ließ, ohne dass ihr klarer Verstand dadurch vernebelt wurde. Auf ungewöhnlich zielsichere Weise gibt sie ihre Deutungen, auf die ihre Patientin unmittelbar und direkt reagierte, wenn sie sich wunderte, dass ihre Analytikerin nicht schon früher darauf gekommen war. Auch hier setzt Segal nicht nur das

Schicksal Ophelias als eine von ihrem Geliebten verlassene Waise mit dem der Patientin in Verbindung, die ihren Vater auf so tragische Art verloren sowie unter der Trennung von ihrer Analytikerin gelitten hatte. Vielmehr verknüpft sie diese Situation mit den mörderischen Impulsen ihrer Patientin gegenüber ihren geliebten Objekten, die zu unerträglichen Schuldgefühlen führten und deshalb in Segal hineingestreut werden mussten. Ihre Fähigkeit, diese Gefühle in sich aufzunehmen, in ihrem Nachdenken zu transformieren und sie der Patientin auf ihre einfühlsame und kreative Weise zurückzugeben, zeigt etwas von ihrer Auffassung des Modells von Container-Contained, auf das sie in ihrer späteren Arbeit von 1975 [1992] zurückgreift.

Wenn sie sich darin ebenfalls mit dem Nutzen der psychoanalytischen Behandlung von Psychotikern auseinandersetzt, hat sie auch hier in erster Linie den einzelnen Patienten im Blick, ohne sich der kritischen Frage nach dem gesellschaftlichen Zweck zu entziehen. Sie kommt zu dem Schluss, dass die Erforschung psychotischer Mechanismen hilfreich für ein besseres Verständnis seelischen Funktionierens ist, d.h. des Denkens, der Wahrnehmung, Symbolbildung etc. Was sich darüber hinaus in den Publikationen der letzten Jahre u.a. zeigt, ist der Gewinn für die klinische Arbeit mit Borderline-Patienten und den dieser Störung zugrundeliegenden pathologischen Persönlichkeitsorganisationen; hier vor allem die neueren Arbeiten von O'Shaughnessy (1981 [1990], 1993 [1998]), Steiner (1987 [1990], 1993 [1999], 2014), Weiß und Frank (2002) sowie Weiß (2009, 2015a, b). Ein weiterer, von ihr nicht erwähnter Nutzen muss hinzugefügt werden: Wie kaum eine andere Analytikerin vor oder nach ihr hat Segal ihre Erkenntnisse psychotischer Strukturen für das Verständnis kreativer Prozesse fruchtbar werden lassen, wenn sie sich wie in ihrem Beitrag *Wahn und künstlerische Kreativität. Betrachtungen über William Goldings Roman Der Turm der Kathedrale* (1974 [1991]) »mit der dunklen Region« auseinandersetzt, »in der sowohl psychotischer Wahn als auch künstlerische Kreativität wurzeln« (ebd., S. 332).

Die Eigenständigkeit und Lebendigkeit von Segals Denken, das in so viele unterschiedliche Bereiche hineinreicht, wurzeln in der oben beschriebenen Atmosphäre der damaligen Zeit, vor allem aber in der Unterstützung und Förderung durch Melanie Klein, die Segal in einem Gespräch mit Quinodoz wie folgt beschreibt:

> Sie war sehr aufgeschlossen [...]. Ich werde Dir erzählen, was sie einmal sagte und was mich sehr erstaunt hat. Ich war in Schwierigkeiten mit einem suizidalen Patienten; es gab eine Unmenge an Spaltung und Projektion. Als wir darüber diskutierten, sagte Klein: »Natürlich macht eure Generation (sie meinte mich, Bion und Rosenfeld) es so viel besser, als ich es vermocht hätte.« – so viel mehr ins Detail gehen, weißt Du. [...] Und zum Beispiel sprach auch Rosenfeld über Gegenübertragung, so wie ich – alle von uns, die Schizophrene behandelten, taten es, weil wir es nicht vermeiden konnten – so viel ist Gegenübertragung. Klein war sehr skeptisch, aber sie hat sich nie dagegen gewandt oder es unterbunden. (2008, S. 50, Übersetzung E. H.)

Von diesem Geist war Segal geprägt, wenn sie mit der gleichen Bescheidenheit und der Großzügigkeit, die ihr zuteilwurde, den Einfluss ihrer Lehrer, Kollegen, Patienten und Schüler anerkennt und wie Klein bereit ist, sich selbst in Frage zu stellen, wovon ihre oben erwähnten Nachträge zu ihren Arbeiten von 1950 und 1954 zeugen. Abschließend soll einer ihrer wichtigsten Nachfolger, John Steiner, zu Wort kommen:

> Diese Anerkennung [der Beiträge ihrer Zeitgenossen, Studenten und Patienten (Einfügung E. H.)] bedrohte in keiner Weise ihre Identität, was meiner Meinung nach durch ihre Fähigkeit ermöglicht wird, einen Drang und einen Appetit auf Leben zusammen mit jenen gegen das Leben gerichteten Kräften, wie dem Neid, zu verstehen und zu integrieren, die in so vielen von uns mit schädlichen Auswirkungen auf unsere Kreativität abgespalten und projiziert bleiben. Ihr eigener Einfluss auf ihre Studenten resultiert aus ihrer Lehrtätigkeit und ihren Schriften, aber auch aus dem Beispiel, das sie gibt, wenn sie uns ihre Arbeit vorstellt. Sie ist nicht scheu, wenn sie ihre Ansichten bekräftigt, aber ich kann mir niemanden in unserer Gesellschaft vorstellen, der eine solche Vitalität zeigt und solchen Respekt gebietet wie sie, wenn sie das Wort ergreift. (1999 [2004], S. 190–191)

Literatur

Alanen, Y. (1975): *In Studies of Schizophrenia* (Chapter 15). Ashton, Kent: Headley Brothers.

Bion, W. R. (1957 [1990]): Zur Unterscheidung von psychotischen und nicht-psychotischen Persönlichkeiten. In: Bott Spillius, E. (Hrsg.): *Melanie Klein Heute: Entwicklungen in Theorie und Praxis, Bd. I: Beiträge zur Theorie*. Stuttgart: Klett-Cotta, 75–102.

Frank, C. (2015): Zum Wurzeln der Symbolisierung in »sinnhaften« unbewussten Phantasien körperlicher Erfahrungen – Der kleinianische Symbolisierungsbegriff. In: *Jahrbuch der Psychoanalyse: Beiträge zur Theorie, Praxis und Geschichte, Bd. 71*. Stuttgart: frommann-holzboog, 41–63.

Freud, S. (1915): Das Unbewusste. *GW X*, 264–303.

Freud, S. (1917): Vorlesungen zur Einführung in die Psychoanalyse, III. Teil: Allgemeine Neurosenlehre. *Gesammelte Werke: I*. S. 245–445.

Klein, M. (1930a [1983]): Die Bedeutung der Symbolbildung für die Ich-Entwicklung. In: *Gesammelte Schriften, Bd. I/1*. Stuttgart: frommann-holzboog, 347–368.

Klein, M. (1946 [1983]): Bemerkungen über einige schizoide Mechanismen. In: *Gesammelte Schriften, Bd. III*. Stuttgart: frommann-holzboog, 1–41.

Klein, M. (1952 [1983]): Die Ursprünge der Übertragung. *Gesammelte Schriften, Bd. III*. Stuttgart: frommann-holzboog, 81–95.

O'Shaughnessy, E. (1981 [1990]): Klinische Untersuchung einer Abwehrorganisation. In: Bott Spillius, E. (Hrsg.): *Melanie Klein Heute: Entwicklungen in Theorie und Praxis, Bd. I: Beiträge zur Theorie*. Stuttgart: Klett-Cotta. S. 367–390.

O'Shaughnessy, E. (1993 [1998]): Enklaven und Exkursionen. In: O'Shaughnessy, E. (2013): *Kann ein Lügner analysiert werden? Emotionale Erfahrungen und psychische Realität in Kinder- und Erwachsenenanalysen*. 2. Aufl. Frankfurt a. M.: Brandes & Apsel, 105–125.

Quinodoz, J.-M. (2008): *Listening to Hanna Segal: Her Contribution to Psychoanalysis*. London, New York: Routledge, 42–61.

Rosenfeld, H. A. (1947 [1989]): Analyse einer schizoiden Psychose mit Depersonalisationserscheinungen. In: Rosenfeld, H. A. (1965): *Zur Psychoanalyse psychotischer Zustände*. Frankfurt a. M.: Suhrkamp, 11–35.

Rosenfeld, H. A. (1952 [1990]): Bemerkungen zur Psychoanalyse des Über-Ich-Konfliktes bei einem akut schizophrenen Patienten. In: Bott Spillius, E. (Hrsg.): *Melanie Klein Heute: Entwicklungen in Theorie und Praxis, Bd. I: Beiträge zur Theorie*. Stuttgart: Klett-Cotta, 15–62.

Rosenfeld, H. A. (1965 [1989]): *Zur Psychoanalyse psychotischer Zustände*. Frankfurt a. M.: Suhrkamp, 209–233.

Segal, H. (1950 [1991]): Aspekte der Analyse eines schizophrenen Patienten. In: Bott Spillius, E. (Hrsg.): *Melanie Klein Heute: Entwicklungen in Theorie und Praxis, Bd. II: Anwendungen*. Stuttgart: Klett-Cotta, 128–154.

Segal, H. (1954 [1992]): Schizoide Mechanismen als Grundlage der Entstehung von Phobien. In: *Wahnvorstellung und künstlerische Kreativität*. Stuttgart: Klett-Cotta, 177–185.

Segal, H. (1956 [1990]): Die Depression des schizophrenen Patienten. In: Bott Spillius, E. (Hrsg.): *Melanie Klein Heute: Entwicklungen in Theorie und Praxis, Bd. I: Beiträge zur Theorie.* Stuttgart: Klett-Cotta, 63–74.

Segal, H. (1957 [1990]): Bemerkungen zur Symbolbildung. In: Bott Spillius, E. (Hrsg.): *Melanie Klein Heute: Entwicklungen in Theorie und Praxis, Bd. I: Beiträge zur Theorie.* Stuttgart: Klett-Cotta, 202–224.

Segal, H. (1974 [1991]): Wahn und künstlerische Kreativität: Betrachtungen über William Goldings Roman *Der Turm der Kathedrale.* In: Bott Spillius, E. (Hrsg.): *Melanie Klein Heute. Entwicklungen in Theorie und Praxis, Bd. II: Anwendungen.* Stuttgart: Klett-Cotta, 332–345.

Segal, H. (1975 [1992]): Ein psychoanalytischer Ansatz zur Behandlung von Psychosen. In: *Wahnvorstellung und künstlerische Kreativität.* Stuttgart: Klett-Cotta, 169–176.

Segal, H. (1981a [1992]): Die Funktion des Traums. In: *Wahnvorstellung und künstlerische Kreativität.* Stuttgart: Klett-Cotta, 119–129.

Steiner, J. (1987 [1990]): Die Wechselwirkung zwischen pathologischen Organisationen und der paranoid-schizoiden und depressiven Position. In: Bott Spillius, E. (Hrsg.): *Melanie Klein Heute: Entwicklungen in Theorie und Praxis, Bd. I: Beiträge zur Theorie.* Stuttgart: Klett-Cotta, 408–431.

Steiner, J. (1993 [1999]): *Orte des seelischen Rückzugs: Pathologische Organisationen bei psychotischen, neurotischen und Borderline-Patienten.* 2. Aufl. Stuttgart: Klett-Cotta.

Steiner, J. (1999 [2004]): Hanna Segal's work. *Brit Psychoanal Soc Bull*, 35(6): 2–8. In: Frank, C. & Weiß, H. (Hrsg.): *Melanie Klein. Eine Einführung in ihr Werk.* Tübingen: edition diskord, 190–191.

Steiner, J. (2014): *Seelische Rückzugsorte verlassen: Therapeutische Schritte zur Aufgabe der Borderline-Position.* Stuttgart: Klett-Cotta.

Weiß, H., Frank, C. (2002): *Pathologische Persönlichkeitsorganisationen als Abwehr psychischer Veränderung: Perspektiven Kleinianischer Psychoanalyse, Bd. 10.* Tübingen: edition diskord.

Weiß, H. (2009): *Das Labyrinth der Borderline-Kommunikation: Klinische Zugänge zum Erleben von Raum und Zeit.* Stuttgart: Klett-Cotta.

Weiß, H. (2015a): Der Turm – Über die Anziehungskraft eines Rückzugsorts. *Psyche – Z Psychoanal*, 70: 134–153.

Weiß, H. (2015b): Gedanken über Trauma, Wiedergutmachung und die Grenzen von Wiedergutmachung bei schwer traumatisierten Patienten. Eine klinische Untersuchung. Vortrag bei der DPV-Frühjahrstagung am 5. Juni 2015 in Kassel.

Dipl.-Psych. E. Horn, Abteilung für Psychosomatische Medizin
Robert-Bosch-Krankenhaus
Auerbachstrasse 110, D-70376 Stuttgart (Germany)
(esther.horn@rbk.de)

Peter Gabriel

Einige persönliche Erinnerungen an Hanna Segal in Verbindung mit ihrem Werk

Begegnungen mit Hanna Segal waren ausnahmslos etwas Besonderes für mich: Ihr Geist und ihre Kreativität, vor allem aber das Ausmaß ihres Witzes und ihres Humors ließen alle Treffen zu einem Ereignis werden. Immer war ich allein schon darauf neugierig, wie die jedes Mal etwas andere und meist hintersinnig-humorvolle Begrüßung sein würde – und dann natürlich die zwei Tage, die wir miteinander sprechen konnten.

Meine erste Begegnung mit ihr hatte ich als Student: Damals lasen wir in einer psychoanalytischen Arbeitsgruppe ihre gerade auf Deutsch erschienene Einführung in das Werk von Melanie Klein und – haben sie nicht verstanden (auch wenn wir das damals natürlich ganz anders sahen), insbesondere nicht das Kapitel über die paranoid-schizoide Position. Unser Unverständnis ging so weit, dass wir uns lustig über »gute und böse Brüste« machten und – soweit ich es erinnere – niemand da war, der uns wirklich hätte erklären können, was damit gemeint war, obwohl es damals noch eine Reihe von Analytikern an der Universität Freiburg gab, wo ich studierte. Erst viel später erfuhr ich, dass sich die Kleinianer in London damals selbst lustig machten über ihre »school of flying breasts and penises«.

Seitdem habe ich Hanna Segals Einführung in größeren Abständen immer mal wieder gelesen, und ich muss sagen, so klar sie mir heute auch erscheint, in ausreichender Weise verstanden habe ich sie erst im Laufe meiner Supervisionen bei ihr.

Damit zur jüngeren Vergangenheit: Als ich Hanna Segal auf Vermittlung von Jan Malewski hin (ein aus Polen stammender, 2007 verstorbener Heidelberger Kollege und mein erster Lehrer in kleinianischer Psychoanalyse)

Ende der 1990er Jahre zum ersten Mal telefonisch kontaktierte, war ich gespannt, wie die große alte Dame der kleinianischen Psychoanalyse – oder auch der Analyse überhaupt, sie verkörperte damals immerhin schon mehr als 50 Jahre davon – auf meine Anfrage reagieren würde. Sie war freundlich. Aber sie machte auch keinen Hehl daraus, dass sie meine Arbeit erst einmal kennenlernen wollte: »First we'll have a preliminary meeting, work together, and then – we will see.«

Die für mich erlösenden Worte fielen dann jedoch recht schnell: »You've got a good countertransference predisposition«, und von da an ging sie mit mir – und später mit uns, nachdem Raimund Rumpeltes dazukam – durch dick und dünn; mehr als 300 Doppelstunden Supervision sind im Laufe von zehn intensiven Jahren für mich daraus geworden. Bei allem Respekt füreinander oder, besser gesagt, auf dem Boden dieses Respekts konnten wir auch miteinander streiten, so weit, dass einer laut werden und die Contenance verlieren und – sich entschuldigend – sie auch wieder zurückgewinnen konnte. (Ein Buch zu ihren Ehren heißt nicht ohne Grund *Reason and Passion*, Bell 1997.) Dabei tat sich Hanna Segal bei aller Überlegenheit nicht schwer, eigene Fehler einzugestehen: »Sorry, you are right, I missed the point.« So unprätentiös-einfach sagte sie das dann. Dadurch bekam ich nie das Gefühl, dass sie ihre Überlegenheit um ihrer selbst willen ausspielte. Es ging ihr immer nur und ausschließlich um die zutreffende psychoanalytische Erkenntnis. So lernte ich auch meine Sicht gegen unangemessene Kritik von ihr zu verteidigen. Das war es, was mich an ihr ganz besonders faszinierte: ihre Fähigkeit, persönliche Beziehung mit ungemein klugem und kritischem, klinisch meist deutlich tieferem Urteilsvermögen kränkungsfrei verbinden zu können.

In den Pausen sprachen wir auch über Dinge, die uns persönlich betrafen. Die Nähe, die dabei entstand, hinderte sie aber nicht an möglicher Kritik. Das ist, wie gesagt, somit wohl der wichtigste Punkt, den ich lernte: Nähe und kritische Distanz lassen sich ohne Einschränkung miteinander verbinden. In Bions Begriffen müssen L=Love und K=Knowledge, der Wunsch, erkennen und wissen zu wollen, gleich stark sein, soll Liebe nicht in Richtung auf blinde »Affenliebe« und Wissenwollen nicht zu jener Pervertierung führen, von der Adorno bekanntlich sagte: »Die vollends aufgeklärte Welt erstrahlt im Zeichen triumphalen Unheils.«

Einige persönliche Erinnerungen an Hanna Segal in Verbindung mit ihrem Werk

Hanna Segal war, bei allem Streben nach Erkenntnis, weit entfernt von einer solchen Gefahr. Schon ihre schriftlichen Beiträge zur Psychoanalyse geben meines Erachtens genügend Zeugnis davon. Wer sie aber persönlich kannte, konnte sich ihrer Liebenswürdigkeit bei gleichzeitiger großer geistiger Klarheit und Strenge nicht entziehen.

Das war für sie auch die Begründung, an der hohen Frequenz und Dichte psychoanalytischer Behandlungen festzuhalten. Sie war der Meinung, dass man die Bewusstmachung so intensiver schmerzlicher Erkenntnisse über die Abgründe in jedem von uns, wie die Psychoanalyse sie bereithalte, nur in einer intensiven Beziehung ertragen könne.

Damit widersprach sie den bekannten Vorurteilen, wonach Kleinianer brutal deuten – und nicht: Brutales deuten – und dabei auf die Patienten keine Rücksicht nehmen würden. Und dennoch hält sich dieses Vorurteil hartnäckig immer noch weiter trotz vielfältiger gegenteiliger klinischer Behandlungsberichte sowie klarer theoretischer Positionen nicht allein von Hanna Segal, sondern explizit auch von Bion, wie zum Beispiel mit seinem Konzept vom Container und seinen zu berücksichtigenden Fähigkeiten zum Containment im Deutungsprozess.

Aber vor der direkten Deutung aggressiver Inhalte steht erst einmal die Notwendigkeit der Klärung, ob es sich dabei überhaupt um Destruktives oder nicht vielmehr um Defensives handelt, also um zerstörerischen Angriff oder um Selbstverteidigung. In der Regel kommt dann, wenn es denn zerstörerisch ist, zunächst die Deutung der Angst vor eigenen destruktiven Impulsen – ein Aspekt, der die Bedeutung der Liebe, dem wichtigsten Verbündeten des Analytikers, also der Fürsorge für das Objekt und die damit verbundenen depressiven Ängste, nicht außer Acht lässt. Nicht selten hat Hanna Segal an Stellen, an denen das Destruktive zu überwiegen schien, auf die projektiv-identifikatorische Verlagerung der Liebe hingewiesen – ein Aspekt, der ihrer Meinung nach oft viel zu kurz kommt. Uns allen sind solche Situationen aus unserer Praxis bekannt, bei denen es eine längere Zeit der (Gegenübertragungs-) Analyse bedarf, um die Angst und Sorge der Patienten um uns Analytiker auch dort zu sehen, wo zunächst nur Kälte und Gleichgültigkeit vorzuherrschen scheinen. Und John Steiner (2015) fasste seine heutige Position dazu auf der Tagung zu Ehren von Hanna Segal im Juni 2013 in London kurz und bündig in die Worte: »Nowadays I think we might go further and suggest that we should suspect the truthfulness of any statement that is devoid of kindness.«

Von Hanna Segal kann man nicht sagen, dass sie Kontroversen aus dem Weg gegangen sei: Oft hat sie ihre unterschiedlichen Positionen pointiert auf den Nenner gebracht. Zu Anna Freuds *Das Ich und die Abwehrmechanismen* meinte sie nur lapidar: »The most boring book I ever read.« Oder sie konnte, wenn ihr die Deutungen zu flach und die Verwässerungen der Psychoanalyse zu krass wurden, wütend rufen: »Any GP (General Practitioner) could have said that«, oder auch auf die Amerikaner bezogen in typisch Freud'scher Tradition pauschal: »Stop that American rubbish.« Und auf den Vorwurf, Kleins Theorien, insbesondere ihre anatomischen Deutungen, seien (zu) anthropomorph, reagierte sie mit der einfachen Feststellung: »Wären nicht-anthropomorphe Vorstellungen denn menschengemäßer?«

Oft stellte sie in dieser Weise etwas explizit vom Kopf auf die Füße, in ihrer Pointierung oft Lichtenberg ähnlich: »I see it just the other way round.« Ein frappantes Beispiel dafür ist für mich ihre kontroverse Haltung zu Lacan, zum Beispiel zu seiner Ansicht, dass das Unbewusste wie die Sprache konstruiert sei: »Ich sehe es genau anders herum.« Etwas, was mir an dieser Stelle immer ganz besonders überzeugend eingeleuchtet hat: Wie sollte die Sprache denn auch der unbewussten Tiefenstruktur von Objektbeziehungen, vor allem den angeborenen Präkonzeptionen, vorgängig sein?

In dieser Weise hatte sie bis zu ihrem Tode mehr als 60 Jahre lang an allen wesentlichen psychoanalytischen Diskursen teilgenommen, meist sogar in persönlichen Diskussionen, und sich für sich und ihre Gruppe um Klärungen bemüht: eine Arbeit, die ihren Patienten und Supervisanden im vollen Ausmaß zugute kam.

Dieser Einsatz war getragen von dem Wunsch, alle Äußerungsformen von Menschen zu verstehen – aber weit davon entfernt, sie auch zu tolerieren, weder in den Behandlungen noch im Großen in der Politik. Von daher kam auch ihr öffentliches Engagement. Während des Irakkriegs hatte sie nach außen gut sichtbar im Fenster ihres Hauses ein Schild mit der Aufschrift »No more lies« stehen, und sie hatte sich damit noch im Rollstuhl sitzend durch den Hyde Park fahren lassen, als gegen den Besuch von

G. W. Bush demonstriert wurde. Was sie versuchte, war nicht weniger als: »Understanding mad parts without going mad.« David Bell gebraucht in einer seiner Arbeiten (2007) in diesem Zusammenhang das schöne Wortspiel von den »primitive states of mind and primitive mind of states«. – Für diese Art des Denkens hat sie die Grundlagen gelegt.

Wie weit sie darin ging und wie weit sie dabei in ihrer Theorieentwicklung kam, kann man durch ihre eigenen Arbeiten sowie durch Publikationen über sie, z. B. die von Jean-Michel Quinodoz *Listening to Hanna Segal* (2008) oder durch David Bells bereits erwähnte Festschrift *Reason and Passion* (1997), nachvollziehen; dazu zählen auch die jüngsten Tagungsbeiträge zu ihren Ehren, zum Beispiel von John Steiner und Riccardo Steiner sowie wiederum von Bell und Quinodoz (alle 2013, bisher unveröffentlicht mit Ausnahme von Steiner 2015). In ihren eigenen Schriften beeindruckt mich am meisten die klare Denkerin, beispielsweise wenn sie kurz und knapp in *Changing models of the mind* (in: Bronstein 2001) die gesamte Theoriegeschichte der Psychoanalyse auf wenigen Seiten so klar zusammenfasst, dass die *Frankfurter Allgemeine Zeitung* damals, nachdem Hanna Segal diesen Text in Stuttgart vorgetragen hatte, von ihr als der »Königin der Psychoanalyse« sprach – etwas, was sie, als ich es ihr mitteilte, nur trocken kommentierte mit: »I prefer artist.«

Die liebende und zugewandte Person jedenfalls hat sie mehr gelebt und weniger beschrieben. Sie warnte sogar vor einer zu starken Betonung dessen, weil sie die Erfahrung gemacht habe, dass, je mehr man betone, dass man gut zu sein habe zu seinen Patienten, umso mehr verborgen bliebe, wie sadistisch man werden könne, wenn jemand darauf nicht positiv reagiere. Als Beispiel nannte sie Bettelheim.

Und was Winnicott betrifft, so sah sie ihn insgesamt sowohl im Hinblick auf Theorie und Praxis – und hierbei vor allem mit seiner Propagierung aktiver Techniken – sehr kritisch. (Zu weiteren inhaltlichen Fragen dazu verweise ich auf die von Rachel Blass, die auch eine Supervisandin von Hanna Segal war, im *International Journal* 2012 initiierte Kontroverse.) Aber Hanna Segal deutete in Bezug auf Winnicott auch ihr eigenes persönliches Involviertsein und den daraus resultierenden Mangel an Distanz an. Kurz und bündig nannte sie ihn dann »my pet enemy«. Neben der Ablehnung seiner psychoanalytischen Positionen war eine gewisse Anziehung und Faszination, die von seinen Schriften ausging, durchaus zu spüren: Er habe so sehr gut schreiben und dadurch so viele Menschen in seinen Bann ziehen können trotz, wie sie sagte, »falscher psychoanalytischer Annahmen, vor allem der vom primären Narzissmus«. Gerade deswegen sei sie bis heute froh, dass die »controversial discussions« zu ausreichend deutlichen Klärungen und Trennungen innerhalb der British Society geführt hätten: Winnicott wäre sonst bei den Kleinianern geblieben, und das sei für sie aus vielen inhaltlichen Gründen und wegen der Verbindung zu Masud Khan intolerabel gewesen. Vor allem wandte sie sich, wie gesagt, entschieden gegen die Propagierung aktiver Techniken. Nicht dass Abweichungen von der »analysis proper« nicht passieren könnten; diese aber zur gültigen psychoanalytischen Technik erklären zu wollen, hielt sie schlichtweg für falsch, ja für schädlich.

Auffallend ist jedenfalls, dass Hanna Segal, soweit ich weiß, nichts über positive Gegenübertragung oder Humor veröffentlicht hat – meines Erachtens hat sie dies als Grundlage psychoanalytischen Arbeitens einfach vorausgesetzt.

Sie war aber nicht nur kritisch und konsequent mit anderen, sie war es auch mit sich selbst. So sah sie bei aller Begabung ihre eigenen literarisch-künstlerischen Fähigkeiten als recht begrenzt an: Sie bewundere Schriftsteller, verfüge aber selbst nicht über so viel Fantasie, als dass sie, wie das viele andere ihrer Meinung nach auch könnten, mehr als nur einen einigermaßen guten, eher autobiografisch gefärbten Roman hätte schreiben können. Für ihre Arbeit brauche sie die Inspiration durch Patienten und Supervisanden. Und für einige ihrer Texte schämte sie sich später, auch wenn sie für die damalige Zeit und das damalige Wissen, wie sie sagte, akzeptabel gewesen seien.

Eine Schwierigkeit, die ich an ihr sah, war, dass sie über das Ziel hinausschießen konnte, besonders, wie mir scheint, gegen Ende ihres Lebens. Bekannt geworden ist das in Bezug auf ihre Haltung zur Frage von Psychoanalyse und Wahrheit. Obwohl sie immer betonte, dass sie Truth (mit großem T) und truth (mit kleinem t) unterscheide, kann ich die Einwände von Kritikern nachvollziehen, die besagen, dass sie zuletzt manchmal eben doch zu Truth tendiert haben könnte, auch wenn es eigentlich dem gesamten Duktus ihrer Auffassung von Psychoanalyse widersprach.

Ich weiß nicht mit Bestimmtheit, was die Ursache dafür gewesen ist, vermute aber, dass es auch solch extrem schlimmen Erfahrungen wie die mit Masud Khan in der British Society waren, die sie dazu brachten, auf einen Wahrheitsbegriff zu rekurrieren, den sie theoretisch und auch praktisch in ihren früheren Arbeiten nicht vertreten hat. Johannes Picht (2008) hat sie darin, wie ich finde, zutreffend aus psychoanalytischer und philosophischer Sicht kritisiert; und von John Steiner (mündliche Mitteilung 2007) weiß ich, dass man sie nur schwer dazu bringen konnte, ihre diesbezüglichen Formulierungen zu entschärfen. Aber es war ganz sicher auch die Angst vor der Lüge als Ursprung und Mittel des Krieges und damit des Endes der Zivilisation, so wie es Freud in *Zeitgemäßes über Krieg und Tod* beschreibt, was Hanna Segal nicht nur klar und entschieden, sondern im Alter vielleicht manchmal überdeutlich werden ließ.

So zeigte sie diese Striktheit meines Erachtens verstärkt in Anbetracht ihres unabweisbar nahenden Todes, dessen sie sich sehr bewusst war, und den sie trotz so vieler Pläne mit großer geistiger Klarheit kommen spürte verbunden mit einem körperlich Weniger-Werden. Manches Mal verabschiedete sie sich ganz bewusst mit den Worten: »See you next time – if I am still there.«

Kritisch sehe ich persönlich aber auch ihre Haltung zu jeder Art von Religion und Religiosität, die sie, ähnlich wie Freud, grundsätzlich abzulehnen schien. In Bezug darauf meinte sie nur sagen zu können: »I have two religions, swimming and smoking.« – Aber zur Illustration der Stärke innerer Objekte gebrauchte sie in diesem Zusammenhang dann doch wiederholt das Sprichwort »You can take a girl [sie sagte das so und nicht wie meines Wissens üblich »someone«, P. G.] out of a church, but you can never take a church out of a girl.«

Dass Hanna Segal ausgerechnet einen solchen Satz, ganz anders als sonst bei ihr üblich, nie auf sich selbst bezogen hat, ist meines Erachtens bemerkenswert. Somit könnte »schwimmen und rauchen« vielleicht doch nicht alles gewesen sein, was sie bezüglich Religion empfand. So hat mich auch wenig überrascht, was Quinodoz in seinem Vortrag auf der Segal-Konferenz 2013 in London zu diesem Thema ausführte: Bei dem letzten Treffen unmittelbar vor ihrem Tod habe sie sich nicht, wie sonst zwischen den beiden üblich, mit einem »Au revoir« von ihm verabschiedet, sondern mit einem langen Blick und einem »Adieu«, das Quinodoz im Sinne von »God be with you« verstand. – Ich kann mir durchaus vorstellen, dass daran etwas Wahres gewesen sein könnte.

Eines ihrer größten Verdienste, so wird oft gesagt, liege in der Klärung des Symbolbegriffs: Für mich steht dem gleichwertig ihre Beschreibung des Todestriebes zur Seite als einer genuin psychologischen (und nicht biologischen) Kategorie. Die enge Verbindung zum Leben ist damit gegeben: »All pain comes from living«, ist die Formel, auf die sie es brachte. »Aller Schmerz kommt vom Leben.« Oder: »Ohne Leben kein Schmerz.« Das sei es, wogegen sich der Todestrieb, vielleicht besser: das Antilibidinöse, wende.

In dieser Haltung hat Hanna Segal immer gelebt. Sie selbst hat viele Schmerzen durchlitten: Beginnend mit der frühen, vorübergehenden Abwesenheit der Mutter, weiter über den Tod der geliebten Schwester bis hin zu ihren nur mit knapper Not entkommenen eigenen tödlichen Bedrohungen (all das ist nachzulesen bei Quinodoz 2008) hat sie nie einen Hehl aus ihrer Geschichte gemacht; im Gegenteil, meinte sie, dass gerade bei Psychoanalytikern Biografisches entscheidend sei, besonders das Schmerzliche, weswegen sie in diesem Buch (Quinodoz 2008) genau mit solchen Schilderungen in großer Offenheit beginnt und resümiert: »Ich denke, wenn ich schizophren geworden wäre, hätten die Leute gesagt: kein Wunder bei dieser Kindheit.« (S. 3, Übersetzung P. G.) Dass das nicht so kam, ist sicherlich ihrem Enthusiasmus, ihrem Verstand und ihrer Leidenschaft zuzuschreiben, Eigenschaften, die sie oft auch noch im hohen Alter dazu brachten, auf der Kante ihres Sessels sitzend und dem Material der Stunde fasziniert lauschend, auszurufen: »Isn't it fascinating how the human mind functions?«

Was ich von ihr besonders gelernt habe, ist, Bedeutungen zu erfassen, die jenseits der Worte liegen. Und dass diese oft erst durch einige Arbeit gefunden werden können; die Bedeutung des Tast- und Geruchssinns in der analytischen Arbeit wären weitere Projekte gewesen, denen sie sich selbst gerne zugewandt hätte.

Von sich selbst behauptete sie nicht, sich immer ganz und gar dessen bewusst gewesen zu sein, was sie sagte oder schrieb. Im Gegenteil schätzte sie die unbewussten und vorbewussten intuitiven Reaktionen sehr hoch, wenngleich sie deren Überprüfung ebenfalls unbedingt einforderte, wie sie es in ihrem wohl bekanntesten Diktum ausführt: »Die Gegenübertragung ist der beste aller Diener und der schlechteste aller Meister.« Ich habe sie einmal danach gefragt, ob sie sich über ihre Entdeckungen im Klaren gewesen sei, als sie über die symbolische Gleichsetzung schrieb. Das sei keineswegs so gewesen, meinte sie, den Vortrag habe sie zunächst in einer Kirchengemeinde gehalten und erst durch die späteren Reaktionen von Kollegen gemerkt, dass sie etwas völlig Neues beschrieben hatte.

Der Glaube an die Psychoanalyse und an die Liebe in Verbindung mit dem Wissenwollen und das Wissenwollen in Kombination mit der Liebe haben Hanna Segal getragen. Sie wusste, dass, wenn wir nicht gute Objekte und Introjekte haben, das Vertrauen in das Gute nicht stark genug sein kann, und dass wir dann nicht nur lieber mit dem »Teufel« paktieren, sondern es vorziehen, uns mit ihm zu identifizieren; wir fühlen uns dann sicherer, weil wir das infantile Omnipotenzgefühl zurückgewinnen. Eine besonders prekäre Situation entstehe dann, wenn der »Teufel« seine Hand auf beiden Seiten im Spiel habe und das Schlechte gegen das noch Schlechtere abzuwägen sei.

In der Politik hat sie diese Bedrohung gesehen und vor allem die Tatsache bedauert, mit der wir Menschen über Erfahrungen hinweggehen oder sie wieder vergessen, obwohl wir sie doch ganz lebensnotwendig brauchen. Sie zitierte gerne das englische Sprichwort »A death sentence in the morning helps to concentrate one's mind for the whole day« – aber eben leider auch nicht länger, so meinte sie, und das sollten wir, die denkenden Schilfrohre, als die sie uns Menschen sah, dann doch vielleicht etwas besser im Gedächtnis behalten. Dazu gehört ganz wesentlich das Bewusstsein unserer Bedrohtheit und, ganz generell und grundsätzlich, unserer Endlichkeit.

Hanna Segal selbst legte großen Wert darauf, dass alles Psychische einer genauen Analyse unterzogen würde, und zwar »with scrutiny« oder »meticulously«, also »peinlich genau«, wie wir sagen würden. Als Sozialistin, als die sie sich selbst definierte, stand für sie vor allem auch die Untersuchung der altruistischen Seiten im Vordergrund, damit diese nicht der Abwehr eigener Gier und eigenen Neides dienen, wie das so oft der Fall sei: »The greatest enemy is always within ourselves« – einer ihrer wohl tiefgründigsten Sätze, den ich immer einmal wieder in so bezeichnenden Zusammenhängen wie diesen von ihr hörte und an den ich mich in meiner Arbeit oft erinnert fühle.

Ich will jetzt an einem kleinen, aber grundlegenden Beispiel darzustellen versuchen, dass ich glaube, dass Intuition und Reverie einerseits zwar eine Begabung und Veranlagung sind, wie Hanna Segal meint, andererseits aber auch weiterentwickelt werden können.

Bei meinem Patienten handelt es sich um einen jungen Mann mit einer ausgeprägten Zwangssymptomatik. Wir befanden uns zum damaligen Zeitpunkt noch in Vorgesprächen vor der Aufnahme einer analytischen Psychotherapie. Ich beobachtete insofern aber schon eine gewisse Entwicklung, als er auf die Deutung ihm nicht bewusster Gefühle hin sich selbst ein Stück näherkam. Dem konnte er sich erstaunlicherweise mit einiger intuitiver Sicherheit überlassen. Ich war sehr froh darüber, machte es doch die trockene Symptomatik interessanter und die befürchtete ewige zwangsneurotische Wiederholung weniger wahrscheinlich.

Ich begann, mich auf die Therapie zu freuen, eine fruchtbare analytische Zusammenarbeit deutete sich an. Der Patient, ich nenne ihn hier Robert, ist Mitte 20 und sprachlich sehr gewandt. Seine Eltern hatten sich in seinem ersten Lebensjahr scheiden lassen, mit dem Vater habe er lange keinen Kontakt gehabt, wohingegen dieser heute aber sehr gut sei. Roberts Kindheit sei schön gewesen. Er eröffnete die Stunde – es war eine vor einer 14-tägigen Ferienunterbrechung – in ungewohnter Weise wieder wie in unserem ersten Gespräch mit der Feststellung, dass er unsicher sei und nicht wisse, wie er beginnen solle. Dabei sah er mich fragend an, um dann – neu – hinzuzufügen, dass es ja auch komisch sei, nach einer Woche, in der er mit ganz anderen Dingen beschäftigt gewesen sei, plötzlich wieder in sein Inneres abzutauchen. Ich sagte ihm, dass er heute wenig Zuversicht habe, sich wieder sich selbst zu überlassen, und ergänzte, dass ihm das jetzt vielleicht doppelt schwer falle, nach einer so langen Zeit dazwischen und dann noch vor einer längeren Ferienunterbrechung.

Robert hält kurz inne und kommt dann auf seine Körperempfindungen zu sprechen. Dass er jetzt anfange, den Druck, von dem ich ihm gegenüber einmal gesprochen hätte und unter dem er permanent stehe, selbst mehr und mehr körperlich zu spüren. Das sei ihm nie bewusst gewesen. Der Druck laste auf seiner Brust und auf seinem Bauch, auf der ganzen Vorderseite. Aber irgendwie habe er auch das Gefühl, dass er ihn zusammenhalte, dass er zu ihm gehöre wie die Luft zum Atmen und dass er es gar nicht anders kenne, so dass der Gedanke, er könne einmal nicht mehr da sein, ihm Angst mache – vielleicht sogar mehr als umgekehrt: dass der Druck bleiben könne.

Das Bild und das Gefühl einer Klammer, einer Plombe, tauchen in mir auf. Stärker aber noch das Gefühl von einer, wie ich es nennen möchte, kristallinen Struktur, deren einzelne Bestandteile in gewissem Maße auch unter Druck erhalten bleiben, die also nicht zerbricht, sich aber wohl innerlich verschiebt, etwa so wie Puzzleteile, allerdings mit einer scharfkantigen Ordnung, vielleicht einem Kaleidoskop oder Kristallstrukturen ähnlich, meines Erachtens eine recht passende Beschreibung für zwangsneurotische Abwehrfunktionen, die dem In-Schach-Halten eines kompletten Strukturzerfalls dienen und den Rückfall ins völlig Amorphe verhindern.

Ich lasse all das zunächst auf mich wirken und sage dann in etwa, dass er sich dadurch vor einer Angst, nicht mehr vollständig über sich verfügen zu können und sich zu verlieren, ein Stück weit geschützt fühle. Auch dem stimmt der Patient zu. Nach einer Weile beginnt er, sich und auch mich zu fragen, woher das eigentlich komme. Er habe doch, wie er mir schon gesagt habe, ein glückliches Zuhause gehabt, die Mutter habe sich immer sehr um ihn gekümmert und sich ihm und seinen Nöten ganz und gar zur Verfügung gestellt. Er habe viel Freiheit gehabt, habe aus dem Haus gehen können, wann immer er wollte, und so weiter.

Ich bekomme erneut Zweifel, nicht erst, als er auch noch wiederholt, was er früher schon einmal sagte, nämlich dass er den Vater ja auch nie vermisst haben könne, da er von Anfang an nicht da gewesen sei. Später, möglicherweise meine zunehmende Skepsis oder Verwunderung spürend, ergänzt er noch: Die Mutter habe sich ihm nie in den Weg gestellt. Selbst wenn das geheißen habe, dass sie den ganzen Abend oder sogar das ganze Wochenende allein hätte verbringen müssen. Robert habe sich auch nie Sorgen um die Mutter machen müssen usw. Das alles würde seine Spannung nicht erklären können.

In mir verdichten sich dann irgendwann trotz oder auch gerade wegen all dieser Beteuerungen Bilder von einem Patienten, der nie unbelastet und sorgenfrei hat weggehen können, wobei diese seelischen Belastungen bis heute in Form von körperlichen Spannungen im Brustkorb stecken und zur zweiten Natur geworden sind, die er selbst bis vor kurzem noch nicht richtig bemerkt hatte.

Insoweit ist dies alles ganz normaler psychoanalytischer Alltag, wie wir ihn kennen. Von daher will ich hier die Schilderung der Einzelheiten auch abbrechen und nur kurz sagen, dass ich damit recht haben sollte. Es ließ sich auch verknüpfen mit der anstehenden Unterbrechung und der Sorge des Patienten um mich – eine Deutung, die ihn tief bewegte.

Neu und ungewöhnlich und eine Folge der Arbeit mit Hanna Segal für mich ist aber, dass mich die Gegenübertragung nicht nur auf die Spur der unbewussten Dynamik dieses Patienten in dieser Stunde und in seinem Leben brachte, sondern dass ich mich irgendwann in deren Verlauf auf dieser Basis die simple Frage stellen hörte – mit Ungläubigkeit, Sicherheit und Nachdruck zugleich: »Was war eigentlich mit Ihrer Mutter wirklich los?« Der Patient wusste zunächst wieder nichts damit anzufangen. »Und Sie haben sich auch wirklich nie Sorgen um sie gemacht?«, fragte ich. »Nein«, sagte Robert daraufhin, sie habe ja ihre Tabletten gehabt – wie sich in diesem Moment herausstellte – wegen einer psychiatrischen Erkrankung, etwas, was der Patient selbst nie für bedeutungsvoll gehalten hatte, so normal sei auch das für ihn gewesen. Dementsprechend sei er vorher beim Thema Mutter auch nicht im Entferntesten auf die Idee gekommen, das zu erwähnen.

Was ich damit sagen will: Die bewusst erzählte Geschichte sagt nichts über die damit verbundene Erlebnisweise aus. Das meiste davon ist ohnehin ich-gerecht. Wir sollten uns nicht darauf verlassen, so sehr auch jemand, wie in diesem Beispiel, die Richtigkeit seiner Erinnerungen beteuern mag. Gehen wir aber von dem Gefühlten, von dem im Hier und Jetzt Empfundenen aus in Verbindung mit dem, was ein Patient wann wie sagt und was er damit in uns auslöst, können wir besser sogar auf äußere Gegebenheiten zurückschließen. Was wir brauchen, ist der Mut, uns auf das Hier und Jetzt einzulassen, uns davon leiten und nicht von dem bewusst erzählten Narrativ irritieren zu lassen.

Im Wahrnehmen von Gegenübertragungsgefühlen und dem Überprüfen derselben sicherer geworden zu sein – auch das verdanke ich Hanna Segal. Das ist alles andere als Hellsehen, auch wenn es manchmal jetzt meinen Supervisanden mit mir so ergehen mag wie mir oft mit Hanna Segal. Sie hat dann immer erläutert, wie sie zu den Schlussfolgerungen kam, und das versuche ich seither auch.

Mein Beispiel ist nur ein sehr kleines, wenngleich grundlegendes von vielen, das ich nicht zuletzt deswegen genommen habe, weil es so massiv war und sich die Richtigkeit so leicht objektivieren ließ. In diesem Sinne bereichert und ermöglicht die Erfahrung in der Supervision mit Hanna Segal mein Arbeiten in jedem Moment einer Stunde und hilft, die jeweilige Übertragung im Hier und Jetzt zu erkennen: Bei Robert war es die Angst, mich alleine zu lassen – basierend auf einem enormen Omnipotenzgefühl sich selbst betreffend mit Verleugnung jeglichen Angewiesenseins bei gleichzeitigen heftigsten Durchbrüchen desselben.

Bei ihm zeigt sich heute zunehmend stärker, dass er zwischen eigenem und Fremdem kaum unterscheiden kann und große Angst hat, sich zu verlieren aus Rücksicht – eine Rücksicht, über die er sich manchmal, um sich zu retten, mit großer Brutalität hinwegsetzt, um dann aber wieder in noch gravierenderen, seine Symptomatik verstärkenden Schuldgefühlen oder noch größeren Rücksichtslosigkeiten mit entsprechender Verzweiflung zu enden – eine Dynamik, die viel tiefer reicht als nur bis zur Abwehr aggressiver Impulse.

Um zu schließen, will ich auf den Anfang zurückkommen: Hanna Segal konnte auch sehr tröstend sein. Wenn ich mich beklagte, dass ich oft entdecken müsste, dass jemand anderes schon das geschrieben hätte, was mir als neu und mitteilenswert erschien, meinte sie schlicht: »But then you know you are on the right way.« Immerhin, das eigene Entdecken verhilft dazu, dass das Wissen plastisch wird und sich die Begriffe mit Leben füllen.

So hat sie mir durch Klugheit und Liebe, Strenge und in erster Linie viel Humor auch dazu verholfen, meine eigenen Begrenzungen besser zu akzeptieren. Wir lernen aus unseren Fehlern, meinte sie und erzählte zum Beispiel, wie ihr ein Patient einen Aschenbecher an den Kopf warf, damit sie endlich kapiere, was er ihr sagen wolle. Und dann fügte sie hinzu: »Das heißt aber nicht, dass wir umso besser sind, je mehr Fehler wir machen.«

Gegen Ende ihres Lebens, in einer wundervollen Arbeit mit dem Titel *The Story of Adam and Eve and that of Lucifer* (2007) hat uns Hanna Segal unter Rückgriff auf John Miltons *Paradise Lost* noch einmal vor Augen geführt, wie schön unser Leben doch ist: Jedenfalls ist es das Beste aller möglichen Leben verglichen mit einem, das durch Nicht-Anerkennung von Grenzen gekennzeichnet ist. Das gewöhnliche Leben besteht aus den alltäglichen Mühen des Liebens und Arbeitens, was vor allem Freiheit beinhaltet: Die Freiheit, uns so oder anders zu entscheiden, das heißt, die Aufgabe anzugehen, unser Leben konstruktiv zu gestalten und genießen zu können oder: es zu boykottieren und zu zerstören.

Hanna Segal lebte vor, wie befriedigend und spannend, ja wie beglückend es sein kann, sich den eigenen inneren neurotischen und – ganz besonders – psychotischen Ängsten und daraus resultierenden Impulsen zu stellen: Es hilft, zwischen Innen und Außen zu unterscheiden und unsere jeweilig eigenen destruktiven Tendenzen zu erkennen; damit einhergehend entwickelt sich die Fähigkeit, sich auch den äußeren sozialen und politischen Realitäten zuzuwenden und somit auch die Freiheit zu entwickeln, sich entscheiden zu können und nicht ein Unbewusstes zu »haben«, dem man dann nur ausgeliefert ist. Das ist alles. Aber es reicht aus, weil eben dies den ganzen Unterschied ausmacht, den wir bewirken können und auf den wir, so meine ich, auch in Zukunft mit Sicherheit mehr denn je angewiesen sein werden.

Literatur

Bell, D. (Hrsg.) (1997): *Reason and Passion: A Celebration of the Work of Hanna Segal.* London, New York: Karnac Books.

Bell, D. (2007): Primitive Mind of State. *Psychoanalytic Psychotherapy,* 10(1): 45–57.

Bell, D. (2016): Das Werk von Hanna Segal (in diesem Band).

Bronstein, C. (Hrsg.) (2001): *Kleinian Theory. A Contemporary Perspective.* London, Philadelphia: Whurr Publishers.

Picht, J. (2008): Haltung, Kompetenz und die Offenheit der Zukunft: Anmerkungen zur Kontroverse Thomä–Schneider und zu einem Text von Hanna Segal. *DPV Informationen*, Nr. 44.

Quinodoz, J.-M. (2008): *Listening to Hanna Segal*. London: Routledge.

Segal, Hanna (2007): *Yesterday, today and tomorrow*. London: Routledge.

Steiner, J. (2015): Reflections on the work of Hanna Segal (1918–2011). *Int J Psychoanal*, 96: 165–175.

Anhang

Quinodoz, J.-M. (2008): *Listening to Hanna Segal*. London: Routledge.

Segal, Hanna (2007): *Yesterday, today and tomorrow*. London: Routledge.

Steiner, J. (2015): Reflections on the work of Hanna Segal (1918–2011). *Int J Psychoanal*, 96: 165–175.

Anhang

Hanna Segal

Grußwort zur Tagung *Destruktivität – theoretische Konzepte und klinische Aspekte* am 25. Oktober 2008 in Stuttgart

Ich möchte zunächst meinen Dank an die Veranstalter,[1] den Vorsitzenden und die Organisatoren dieser Tagung zum Ausdruck bringen, an alle Teilnehmer sowie vor allem aber an die drei Hauptredner Claudia Frank, David Bell und Heinz Weiß. Ich bin mit der Arbeit von allen von ihnen vertraut und empfinde, dass ihre Art zu denken [*leanings*] der meinen sehr nahesteht.

Ich bedaure aus gesundheitlichen Gründen nicht an dieser Tagung teilnehmen und mich an der Diskussion beteiligen zu können. Mir bleibt also nur, einige freie Assoziationen zum Thema mitzuteilen.

Gerade lese ich John Le Carré's Buch *A Most Wanted Man*,[2] das in Hamburg spielt. Eine der Figuren, Annabelle, setzt ihr Leben aufs Spiel, um einem Flüchtling zu helfen, dessen Psyche seit der Kindheit durch Folter in verschiedenen Gefängnissen zerstört wurde. Ein bedeutsamer Teil ihres Rettungsplans besteht darin, ihn mit ihrem Bruder bekannt zu machen, »dem einzigen, in Deutschland übrig gebliebenen Psychiater, der Freud treu geblieben ist«.

Ich denke (weiß aber nicht, ob es John Le Carré bekannt ist), dass Annabelle hier ziemlich schiefliegt. Ihr Bruder ist nicht der einzige – ich könnte ihr viele Gruppen in Deutschland empfehlen, die der Psychoanalyse sehr verbunden sind. Eine große Anzahl von Psychoanalytikern blieb der Psy-

---

[1] Die Tagung wurde gemeinsam von der Abteilung für Psychosomatische Medizin am Robert-Bosch-Krankenhaus und der Psychoanalytischen Arbeitsgemeinschaft Stuttgart/Tübingen der Deutschen Psychoanalytischen Vereinigung ausgerichtet.

[2] Deutsch erschienen unter dem Titel *Marionetten* (Berlin 2009).

choanalyse verpflichtet, und selbst während des Höhepunkts der Naziherrschaft gab es genügend von ihnen, so dass die Psychoanalyse nach deren Niederwerfung erneut und sogar sehr intensiv zu leben begann, und andere ihnen folgten. In Hamburg hielt die Internationale Psychoanalytische Vereinigung 1985, als Gast der Deutschen Psychoanalytischen Vereinigung, ihre erste Tagung in Deutschland ab[3] und anlässlich dieser Tagung wurde die IPAW[4] gegründet.

Konzepte haben ihre eigene Geschichte. Das Konzept des Lebens- und Todestriebes ist heute nicht mehr ganz identisch mit dem, das Freud ursprünglich formulierte. Freud selbst hatte seine Auffassung gegen Ende seines Lebens leicht verändert. Doch er konnte diese Einsichten zu dieser Zeit [noch nicht; H.W.] in seiner klinischen Arbeit verwenden. Erst mit dem Aufkommen einer neuen Idee – derjenigen der projektiven Identifizierung – wurde es möglich, es in der klinischen Praxis einzusetzen.

Es waren das Konzept der projektiven Identifizierung, wie es von Klein eingeführt, ihren Nachfolgern wie Bion, mir und anderen weiterentwickelt wurde, sowie Bions Arbeiten zur Gruppenpathologie, die uns in die Lage versetzten, diese Begrifflichkeit auf das Verständnis von Gruppen und in der Analyse von Einzelpersonen anzuwenden. Der deutsche Beitrag hierzu ist ebenfalls beträchtlich, denn meines Wissens haben sich diesbezüglich in Deutschland die meisten Gruppen in Europa entwickelt.

Heute leben wir erneut in einer Welt, die in ihrer Globalisierung noch mehr vom Todestrieb beherrscht wird, und es liegt an uns, wie immer die Umstände auch sein mögen, unsere Verbundenheit mit den menschlichen Werten der Psychoanalyse zu bewahren, wie sie durch die psychoanalytische Art zu denken verkörpert werden.

Aus dem Englischen von Heinz Weiß

---

[3] Die 34. Tagung der Internationalen Psychoanalytischen Vereinigung in Hamburg war die erste Tagung, die nach dem Zweiten Weltkrieg wieder in Deutschland stattfand [Anm. d. Übers.].

[4] Die IPAW (International Psychoanalysts Against Nuclear Weapons) ging auf die zwei Jahre zuvor, 1983, von Hanna Segal und Moses Laufer gegründete PPNW (Psychonalysts for the Prevention of Nuclear Weapons) zurück [Anm. d. Übers.].

Hanna Segal
Melanie Klein
Eine Einführung in ihr Werk

*Aus dem Englischen übersetzt
von Gerhard Vorkamp*

2. Aufl., 192 S., Pb., € 19,90, ISBN 978-3-86099-551-8

Hanna Segals inzwischen klassische Einführung in das Werk von Melanie Klein ist eine grundlegende Hinführung zur kleinianischen Psychoanalyse. In ihr fasst die Autorin die Erfahrungen ihrer langen persönlichen Zusammenarbeit mit Melanie Klein, die Lektüre ihrer Schriften sowie ihre eigene analytische Praxis und Lehrtätigkeit am Institute of Psychoanalysis, London, zusammen.

Für die zweite deutsche Auflage hat Hanna Segal ein neues Vorwort verfaßt. Ein Nachwort von John Steiner zur Weiterentwicklung der Theorien Melanie Kleins durch Hanna Segal schließt den Band ab.

Rosemarie Kennel
Gertrud Reerink (Hrsg.)
Klein – Bion
Eine Einführung

4. Aufl., 180 S., Pb., € 19,90, ISBN 978-3-86099-381-1

Die Beiträge dieses Bandes sind aus dem Wunsch entstanden, klinisch bedeutsame Denkmodelle der psychoanalytischen Theorie zur Diskussion zu stellen. Sie stammen von einer Gruppe von Frankfurter Psychoanalytikern, die sich seit Jahren mit der klinischen Arbeit der Kleinianer auseinandergesetzt haben. Anlass waren die Erfahrungen aus schwierigen und unbefriedigend verlaufenden Analysen, die dazu drängten, neue Wege zu suchen.

Die theoretischen Konzepte von Melanie Klein bis Wilfred R. Bion, die dabei hilfreich waren, sind hier ausführlich dargestellt. So bietet das Buch auch eine hervorragende Informationsquelle für die zentralen Begriffe und Denkansätze der gegenwärtigen kleinianischen Psychoanalyse.

Unseren Psychoanalysekatalog erhalten Sie kostenlos:
Brandes & Apsel Verlag • Scheidswaldstr. 22 • 60385 Frankfurt am Main
info@brandes-apsel.de • www.brandes-apsel.de
Fordern Sie unseren Newsletter kostenlos an: newsletter@brandes-apsel.de

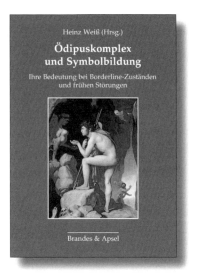

Claudia Frank / Anja Kidess (Hrsg.)
Zur Psychoanalyse im Hier und Jetzt

Mit Beiträgen von David Bell, Claudia Frank, Esther Horn, Edna O'Shaughnessy, Priscilla Roth, John Steiner, Martin Teising

172 S., Pb., € 19,90, ISBN 978-3-95558-161-9

Zum Dreh- und Angelpunkt psychoanalytischen Arbeitens, der Psychoanalyse im Hier und Jetzt, bieten die Beiträge Weiterentwicklungen und Differenzierungen. Erfahrungsnah und anschaulich wird der klinischen Bedeutung des Erlebens von Raum und Zeit bei den verschiedensten pathologischen Organisationen von Patienten nachgegangen. Wie ein genaues Verständnis dieser Dimensionen in Übertragung und Gegenübertragung ein seelisches Wachstum ermöglichen kann, wird an detailliert dargelegten Fallbeispielen nachvollziehbar.

Heinz Weiß (Hrsg.)
Ödipuskomplex und Symbolbildung

Ihre Bedeutung bei Borderline-Zuständen und frühen Störungen

Mit Beiträgen von Hermann Beland, Hermann Lang, Helen Schoenhals, Hanna Segal, Erika Simon, John Steiner, Heinz Weiß

144 S., Pb., € 15,90, ISBN 978-3-95558-049-0

Störungen des Denkens und der Symbolbildung sind in der Regel eng mit Missrepräsentationen der ödipalen Situation verbunden. Diese für das Werk Hanna Segals zentrale Erkenntnis stand im Mittelpunkt eines Symposiums, welches im September 1998 zu Ehren ihres 80. Geburtstages in Würzburg stattfand. Die Vorträge behandeln verschiedene Aspekte des Themas aus kulturhistorischer, theoretischer und klinischer Sicht – darunter auch Hanna Segals eigener Beitrag, in dem sie die Entwicklung ihrer Theorien zusammenfasst.

Unseren Psychoanalysekatalog erhalten Sie kostenlos:
Brandes & Apsel Verlag • Scheidswaldstr. 22 • 60385 Frankfurt am Main
info@brandes-apsel.de • www.brandes-apsel.de
Fordern Sie unseren Newsletter kostenlos an: newsletter@brandes-apsel.de